© 2025 Sebastián Sann. Alla rättigheter förbehållna.

Ingen del av denna publikation får reproduceras, lagras eller överföras i någon form eller på något sätt – vare sig elektroniskt, mekaniskt, genom fotokopiering, inspelning, skanning eller på något annat sätt – utan författarens skriftliga tillstånd, med undantag för korta citat som används i kritiska, recenserande eller kommenterande syfte, i enlighet med vad som är tillåtet enligt lag.

Denna bok är skyddad av internationella upphovsrättslagar. Innehållet, idéerna och uttrycken i denna bok tillhör uteslutande författaren. All obehörig användning, partiell eller total reproduktion eller distribution av innehållet kommer att betraktas som ett brott mot immateriella rättigheter.

För särskilda tillstånd, samarbeten, översättningar eller kommersiella licenser, vänligen kontakta: interno@conscienciadisruptiva.com

LÄR KÄNNA
DEN ENDA
SANNINGEN

SEBASTIAN SANN

Ansvarsfriskrivning

Den enda sanningen är inte en religion. Sanningen är en upplevelse som förblev begravd under år av rädsla.

Sanningen är något som vi alla kan uppleva när vi gör anspråk på den som vår gudomliga rättighet. Tack vare denna bok har många människor kommit ihåg sin kraft.

Gloria in excelsis Deo.

*För den som ännu inte tror på någonting,
men läser detta.*

INNEHÅLL

INNEHÅLL 7
HUR DU LÄSER DENNA BOK 11
INLEDNING 15

KAPITEL 1
SPELA I MATRIX 19
   DEN VERKLIGA SANNINGEN 20
      STOPP 1: FÖRSTÖRA PERSONLIGHETEN 22
      STOPP 2: KONSTEN ATT SLÄPPA TAGET 28
      STOPP 3: SKAPA KARAKTÄREN 33
      STOPP 4: MÄNNISKANS ENDA SYFTE 40
      STOPP 5: HANDLING INSPIRERAR TRO 72
      STOPP 6: HÖGA PRINCIPER FÖR MANIFESTATION ... 77
      STOPP 7: HÖJA MEDVETANDENIVÅEN 85
      STOPP 8: ATT FÅ DET ENDA NÖDVÄNDIGA SYFTET ... 89
      STOPP 9: LEVA I ABSOLUT ALIGNMENT 93

KAPITEL 2
UPPTÄCKA MATRIX 101

DEL 1: DET ÄR DAGS ATT VAKNA 103
    KONTROLLEN ÖVER MÄNSKLIGHETEN 104
    SÅ HÄR TÄNAR „DE" PENGAR 108
    DE 4 SÄTTEN ATT VÄLJA: RÄDSLA ELLER KÄRLEK 111
    OBEGRÄNSADE VARELSER SOM SPELAR EN
    BEGRÄNSAD UPPLEVELSE 114
    MANNEN SOM BOTADE 16 CANCERPATIENTER
    MED FREKVENS OCH VIBRATION 116
    DET ÄR INTE PILLRET SOM BOTAR DIG,
    DET ÄR DIN UPPFATTNING 123
    AFFÄREN MED ATT HÅLLA DIG SJUK 129
    SJUKDOM ÄR EN ILLUSION 134
    LÅS UPP DIN MEDFÖDDA HEALINGFÖRMÅGA 138

DEL 2: TÄNDER LAMPAN I DÖM 141
    OBESTRIDLIGA BEVIS OM VEM VI ÄR 142
    HELA MÄNSKLIGHETENS FÖRFÄDER 147
    VI SKRIVER REDAN OM HISTORIEN 150
    KVINNAN SOM VAR NÄSTAN 8 METER LÅNG 151
    JÄTTAR LEVER SAMMAN MED OSS
    (CENSURERAD INFORMATION) 153
    ADJÖ, UFO-MYSTERIET 155
    ICKE-MÄNSKLIG TEKNIK ÄR EN SPEGEL
    FÖR DEN SOVANDE MÄNSKLIGHETEN 156
    ANTIGRAVITATIONSTEKNIK 157
    UTOMJORDINGAR I JORDENS DJUPASTE SJÖ 162
    TYDLIGA FOTOGRAFIER AV OSNIS SOM KOMMER
    UPP UR VATTNET SOM CENSURERADES 164
    GUD, DET GUDOMLIGA OCH DET UTOMJORDISKA
    ÄR SAMMANFLÄTADE 169
    SANNINGEN FINNS INTE UTANFÖR 173

KAPITEL 3
ATT ÖVERSTIGA MATRIXEN 177
    DEN ABSOLUTA FÖRENINGEN 178
    GRÄNSEN FÖR VÅRA SINNEN 178
    VERKLIGHETENS PARADOX 179
    DELEN INNEHÅLLER HELHETEN 180
    STJÄRNORNAS MUSIK 180
    LÅSA UPP EN OÄNDLIG MENTALITET 182
    SAMSKAPA UPPLEVELSEN 183
    DU SKREV DENNA BOK 183
    ALLT DU SER BEROR PÅ DIG 184
    ATT INTE VETA ALLT ÄR ATT MINNAS ALLT 185
    SKUGGOR AV VERKLIGHETEN 185
    SANNINGEN FINNS REDAN I DIG 190
    SANNINGEN OM GUD 190
    INGENTING ÄR SLUMPARTAT 191
    VÄRLDEN SKAPADES UR VIBRATION 193
    VEM ÄR GUD OCH VAR ÄR HAN? 220
    GUDENS VÄRLD ÄR DEN ENDA VERKLIGA 222
    JAG ÄR GUD, DU ÄR GUD 223

DEN SLUTGILTIGA SANNINGEN 227
VI ÄR INTE ÅTSKILDA 229
VÄGEN SLUTAR INTE HÄR 233
FLER BÖCKER AV FÖRFATTAREN 235
KOMPLEMENTÄRT MATERIAL FÖR DIN UTVECKLING 237

HUR DU LÄSER DENNA BOK

Det finns miljontals böcker, miljontals former, miljontals erfarenheter och miljontals uppgifter. Men inget av detta förändras om det inte finns ett tydligt sammanhang som stöder innehållet. Varje handling utan tydlig avsikt och syfte leder bara till att man går vilse.

Att läsa denna bok är inte en omedveten eller slumpmässig handling. Det räcker inte att bläddra igenom den. Om ditt engagemang är större än din nyfikenhet och ditt ego, ska jag berätta exakt hur du ska läsa den. Från och med nu beror din upplevelse helt och hållet på dig själv.

Känn den enda sanningen består av tre huvuddelar, indelade i kapitel och underkapitel:

1. *Att spela i Matrix* (uppvaknandet av Självet och syftet)

2. *Upptäcka Matrix* (erkännandet av systemet och dess mekanismer)

3. *Att transcendera Matrix* (fusionen med den eviga sanningen)

Ordningen får inte ändras. Det är inte en bok som ska läsas bakifrån och framåt, eller där man hoppar över sidor slumpmässigt. Att lära känna sanningen är en process av gradvis avprogrammering, som lager för lager tar bort det som täcker ditt sanna Själv. Att hoppa över ett avsnitt kommer inte bara att avbryta den processen, utan kan också förvränga den.

Eftersom det är en introspektiv bok måste du vara introspektiv när du läser den för att komma i samklang med den energi som finns i den. Jag rekommenderar att du läser den med högfrekvent musik i bakgrunden. Några alternativ som du kan hitta på YouTube eller Spotify:

- Keltisk musik
- Tibetanska klangskålar
- Handpan
- Musik med mantran
- 300 Violines Orchestra
- Orkestrar i allmänhet
- Solfeggio-frekvenser
- Ljud från Moder Jord
- Ceremoniell musik (ayahuasca, traditionell medicin)
- Kristen musik

Inför dessutom en viktig regel: **beslutsamhet och absolut engagemang för din läsningstid.** Välj en specifik tidsperiod och håll dig till den. Varken mer eller mindre. Detta kommer att träna din hjärna i fokus och ansvarstagande.

Känn den enda sanningen läses inte i ett svep. Det är inte en bok som man läser ut på en dag. Ta med den så länge du behöver. Min rekommendation: minst 30 dagars lugn och eftertänksam läsning, där du understryker, läser om och låter informationen sjunka in.

Informationen i denna bok bör delas omedelbart. Det betyder att när du är klar med din läsning går du över **till att dela med dig**. Det är först när vi delar med oss av det vi lär oss som vi expanderar det i oss själva. Du kan göra det genom att spela in en reflekterande video, ta ett foto av en sida som gjorde intryck på dig och kommentera den, eller skicka ett meddelande till någon nära dig om vad du har läst. Kanalen spelar ingen roll. Det viktiga är handlingen. Information som inte delas stagnerar, och precis som stillastående vatten ruttnar den.

Denna bok kompletteras också med hans **budord**, en praktisk livsfilosofi som hjälper dig att leva sanningen dag för dag. Detta dokument levereras separat och ska användas på följande sätt:

- **Innan du läser boken.** Skriv ner dina tankar om varje bud.

- **När du har läst klart.** Skriv ner dina reflektioner igen och jämför dem med de första.

- **Varje dag.** Välj ett bud som stämmer överens med din livssituation och sätt en påminnelse i din telefon så att du läser det varje timme. Fortsätt med detta i minst 30 dagar.

Låt vår resa mot självupptäckt börja.

SKANNA OCH LADDA NER

SANNINGENS BUD

Kod som låser upp resursen: **222**

(du behöver den efter att du skapat ditt konto)

INLEDNING

Att söka sanningen verkar vara en naturlig benägenhet hos människor. Att finna den är däremot ett privilegium som är förbehållet ett fåtal. När jag skrev detta verk för några år sedan var mitt syfte att uppmana människor att sluta söka svar enbart i den yttre världen och istället börja leva ett lugnare liv, där fred och kärlek styr våra hjärtan varje dag.

Känn den enda sanningen har förändrats, precis som mitt eget liv. I denna nya utgåva har ordningen, orden och framför allt avsikten ändrats. Tidigare var målet att väcka världen. Idag, även om det syftet kvarstår, är målet också att ta bort ögonbindeln för att se bortom det uppenbara och framför allt väcka den inre världen: det enda utrymmet från vilket det är möjligt att se en verklig förändring på utsidan.

Genom mina erfarenheter har jag lärt mig att känna igen vissa lagar, mönster, övertygelser och handlingar som gör det möjligt för oss att gå bortom det vi når med egots ögon. Jag har upptäckt hur vi kan få livet att samverka till vår fördel och ge oss det vi längtar efter. Och också något befriande: allt jag ser har jag själv skapat. Det inkluderar det vi kallar "matrisen" eller "systemet". Det kan låta mystiskt, men det är det inte.

Min avsikt med denna bok är att du ska förstå att du aldrig har varit skild från sanningen, även om vi för att nå den måste fördjupa oss i begrepp som det rationella sinnet inte alltid kan begripa.

Alltför länge har vi lyssnat till egots röst som viskar till oss att det finns någon "där ute" som har kontrollen. Men nu är det dags att investera tid i sanningen. På denna jordiska plan finns det bara två vägar: att låta sig domineras av egot (förknippat med djävulen, negativiteten) eller att låta Gud – det gudomliga, det högre medvetandet, positiviteten – vägleda oss.

I den tidigare versionen av denna bok nämnde jag att det fanns många sanningar. Och det stämmer, det finns det. Men ingen av dem är den enda. Idag syftar denna text till att genomsyra den som läser den med den Sanningen som inte tillåter tvetydigheter.

Tvivel, osäkerhet och misstro har bara fått oss att vandra planlöst omkring, särskilt när motgångar knackar på dörren. Med varje sida i denna bok kommer du att återvända till den enda plats där du alltid har varit: här och nu.

Vi kommer att fördjupa oss i djupa och andliga begrepp, men också i praktiska och vardagliga aspekter. Du kommer att upptäcka att den yttre och den inre världen kompletterar varandra intimt när det gäller att bygga ett liv av glädje eller lidande. Och att vi människor har en superkraft som nästan alltid utnyttjas fel: beslutet.

Känn den enda sanningen syftar till att hjälpa dig att erkänna det som alltid funnits inom dig: den medfödda kraften som vi valt att inte se, eller som vi avledt till syften som ligger utanför vår sanna essens. Det är dags att prioritera kärleken framför allt annat. Det är dags att komma ihåg att vi alla är ett.

Innan du fortsätter, uppmanar jag dig att ta ett djupt andetag och släppa alla förväntningar: på mig, på den här boken eller på den e a sanningen. När du läser den första delen kommer du att förstå den djupa skillnaden mellan att ha förväntningar på något och att så intentioner. De flesta lägger sina förhoppningar på det yttre, och det leder bara till smärta.

Det första steget blir att ta bort slöjan som finns mellan dig och verkligheten. Vi kommer inte att göra det på en gång, för att ta bort en ögonbindel som har suttit så länge kan vara smärtsamt och bländande. Egot – den inre, pratsamma och begränsande rösten – kommer vi att börja använda till vår fördel istället för mot oss. Du kommer att upptäcka hur det tyst har styrt dina dagar och hur du kan förvandla det till en allierad för att skapa ett nytt liv och en ny verklighet.

När vi äntligen tar språnget och förbandet till stor del faller bort, kan vi gå vidare. Om vi gjorde det tidigare skulle sinnet återigen fyllas av tvivel och förvirring, vilket ytterligare skulle förstärka slöjan som täcker denna värld som för de flesta människor verkar vara "verklig". Här kommer du att förstå varför den inte är det, och varför tron på den har hållit dig kvar under din sanna potential.

När du ser på livet utan den slöja som idag täcker din verklighet, kommer du inte bara att börja förstå, utan också att begripa. Förståelsen tillhör förnuftet; begripligheten, däremot, innefattar en djup känsla som avslöjar att sanningen alltid har varit en del av dig.

I detta skede kommer ditt ego att börja pussla ihop bitarna, känna, reflektera och ifrågasätta det som du sedan födseln ansett vara verkligt. Detta är den mest pragmatiska delen av boken, och kanske den mest utmanande för vissa. Men när du betraktar den utan den ögonbindel du tidigare bar kommer den att vara befriande och djupt transformativ.

Allteftersom vi fortsätter på denna resa kommer gränserna att börja suddas ut och barriärerna falla en efter en, som dominobrickor.

Med detta verk som du nu håller i dina händer uppmanar jag dig att hedra, respektera och behandla det som det verkligen är: en förlängning av dig själv. Det du kommer att fortsätta läsa, känna och uppleva tillhör dig, och i det erkännandet börjar vägen mot den enda sanningen.

KAPITEL 1

SPELA I MATRIX

DEN VERKLIGA SANNINGEN

"Har du någonsin känt att du kände till sanningen, men inte kunde leva efter den?

Matrisen är inte digital, den är emotionell. Att lägga grunden för sanningen är det som gör det möjligt för oss att upprätthålla ett kraftfullt innehåll. Vi människor spelar ett dualistiskt spel. Problemet är att många inte ens vet att de är med i ett spel, och andra spelar det utan att känna till reglerna. Det finns de som tror sig vara stora mästare, men blir arga på andra. Andra säger sig vara stora elever, men blir irriterade när de blir rättade.

Dualiteten är motsatsen till vad vi har lärt oss: det är inte separation, det är förening. Vi delar upp det bara för att kunna förklara det med ord, men när man tittar närmare avslöjas det att det inte är två olika saker, utan en enda sak sedd från två vinklar. Ljus och skugga, liv och död, njutning och smärta... allt är en del av samma hjärtslag.

Tänk på det så här: för att kunna läsa den här boken måste du först ha läst den. Om du bara läste utan att vara medveten om det du inte hade läst tidigare, skulle du inte kunna uppfatta det. Det låter paradoxalt, men just den paradoxen avslöjar en djupare sanning: allt händer samtidigt, även om vi bara uppfattar en mikroskopisk del av helheten.

LÄR KÄNNA DEN ENDA SANNINGEN

Det du kallar „din verklighet" är bara ett eko av vad din begränsade perception kan hantera utan att kollapsa. Den ögonbindel du bär har hindrat dig från att se saker som de är, men dess existens innebär att det fanns ett ögonblick – om än flyktigt – då du inte bar den. Det är det minnet som är gömt i din själ som har fört dig hit.

När en person slutar att leva som slav under en enda polaritet och förstår att varje sida av myntet innehåller den andra, börjar hans gränser att rasa en efter en. Att förstå den värld han befinner sig i är inte valfritt: det är det första verkliga steget för att välja något annat och därmed avprogrammera sig själv.

Tänk efter ett ögonblick: tänk om det var du själv som programmerade det system som kontrollerar dig utan att du insåg det? Detta är inte bara en provocerande fråga. Det är en direkt inbjudan till att börja avaktivera autopiloten. Det tankesystem som styr absolut allt i ditt liv utan att du inser det.

Vi kommer att gå steg för steg för att ta bort de övertygelser som idag hindrar dig från att vara den du är. De är som stenar som tynger din själ, och det är brådskande att släppa dem. I slutet av boken kommer det inte att finnas några kvar. Men nu finns det arbete att göra.

Vi tenderar att tro att vi behöver lägga till saker i våra liv: fler föremål, fler aktiviteter, mer kunskap, mer bekräftelse. Paradoxalt nog handlar det dock inte om att samla på sig saker för att minnas vem du är, utan om att släppa taget.

En av de djupaste hemligheterna som du nu kan ta till dig är att du inte kom hit för att knyta an, utan för att frigöra dig. Du är inte här för att samla, utan för att släppa taget. Det verkliga arbetet i detta spel är att släppa taget. Det betyder inte att du inte kommer att „ha" saker (som du kommer att se senare, du kom för att förvalta, inte för att äga), men du måste utveckla tillräcklig klokhet för att de saker du har inte ska äga dig.

Och nej, detta är inte en del av en ny trend som hävdar att ingenting spelar någon roll. Tvärtom: det är en del av en äkta väg ( ), där du erkänner dina bindningar, men förstår att du är mycket mer än dem.

Denna bok skapades inte för att förbättra din personlighet. Den skapades för att förstöra den. Och det första vi kommer att göra på denna resa är just det.

STOPP 1: FÖRSTÖRA PERSONLIGHETEN

"Den del av dig som darrar av rädsla måste genomgå en sorts korsfästelse för att den del av dig som förtjänar större ära ska kunna genomgå en sorts reinkarnation."

I många cirkusar runt om i världen hålls vuxna elefanter bundna vid en enkel påle som är nedstucken i marken. Det finns inga tunga kedjor eller stålburar. Bara ett tunt rep, knappt spänt, som vem som helst skulle tro att de lätt kunde bryta. Men det gör de inte. De rymmer inte. De försöker inte ens. Vad är det som händer?

Svaret finns i det förflutna.

När dessa elefanter var små band man fast dem med samma rep. Då hade de inte tillräckligt med styrka för att befria sig, även om de försökte med all sin kraft. Dag efter dag kämpade de mot denna begränsning... tills de, e , efter många misslyckade försök, helt enkelt slutade försöka.

När de var små och omedvetna inpräntades tron att det var omöjligt att fly.

Med tiden växte deras kroppar, men deras övertygelse förändrades inte. Så när de väl var tillräckligt starka för att befria sig utan ansträngning, gjorde de det inte. De försökte inte längre eftersom de fortfarande var övertygade om att det var lönlöst. Repet band dem inte längre... det som höll dem fångna var deras sinne.

> "Det du sått i det förflutna är det du skördar i nutiden. Det du sår i nutiden kommer du att skörda i framtiden."

Många tror att uppvaknande innebär att samla inspirerande citat, meditera eller äta hälsosamt. Men det verkliga uppvaknandet börjar när vi konfronterar det vi inte vill se hos oss själva. Det är just i vår mörkaste del, i våra rädslor, som det största potentialen för tillväxt finns.

Det som kallas "skuggan" – eller psykologiskt sett "det omedvetna" – rymmer våra djupaste hemligheter och också vår största dolda kraft.

Under en tid gjorde jag en serie på Instagram som hette *Los falsos espirituales* (De falska andliga). Jag svarade på kommentarer med direkta reflektioner, i syfte att visa de omedvetna mekanismer som många försvarar som om de vore sanna. Det märkliga var att de flesta blev omedelbart kränkta. Inte för att det jag sa var våldsamt, utan för att det berörde en del av deras personlighet som de inte var redo att släppa taget om.

Den serien lärde mig två saker:

1. Svaren var inte till för dem, de var till för mig.
2. Svaren var inte till för alla, utan för dem som vågade se bortom egot.

Sedan dess har jag förstått något som jag ska säga rakt ut: jag bryr mig inte om vem du tror att du är. Du kommer att lämna det bakom dig just nu.

För jag vet vad du verkligen vill. Du vill ha sanningen, men också ett rikare liv. Kanske bilda familj, förbättra din relation, tjäna mer pengar eller lära dig att njuta av det du har utan skuldkänslor. Kanske vill du sluta överleva och börja leva. Detaljerna spelar ingen roll. Det som spelar roll är att det du söker inte kommer att hitta genom att vara den du har varit hittills.

Och du är inte ensam. Alla har vi någon gång spelat samma spel. Vi trodde att rollfiguren var verklig. Vi identifierade oss med det vi har, med vad vi tycker, med det som gjort oss illa, med det vi gjort fel. Och utifrån det byggde vi upp en begränsad identitet.

Problemet är inte att den är falsk. Problemet är att den är ofullständig. Och det ofullständiga, när det försvaras som sanning, blir ett fängelse.

Denna personlighet består av omedvetna övertygelser, ärvda mönster, lånade idéer och olösta smärtor. Den lever fången i vad jag kallar den *inaktiva sidan*: sidan av smärta, klagomål, skuld, straff, brist och rädsla. Det är den sida av livet där egot regerar, även om det är förklätt till andlighet eller goda intentioner.

Men det finns också den aktiva sidan av oändligheten. Ett utrymme där du får tillgång till din sanna identitet, där du t anpassar dig till Gud, till Källan, till Sanningen. Ett utrymme där livet inte reageras på, utan skapas.

Skillnaden mellan den ena sidan och den andra? Valet. Men du kan inte välja om du inte tar bort ögonbindeln. Och den ögonbindeln är karaktären. Därför är det första vi ska göra att förstöra den. För om du inte gör det kommer du att tolka allt du läser i den här boken utifrån det fängelset. Och det vill jag inte för dig.

Därför kommer här den första stora frågan: är du beredd att sluta vara den du tror att du är?

Om ditt svar är ja, då har du redan valt. Och när man väljer med själen förändras verkligheten.

Därför vill jag be dig släppa följande innan vi går vidare. Det är inte en bestraffning, det är en befrielse. Vi gör det för att komma i kontakt med sanningen. Ingen människa kan ansluta sig till Källan om hon inte aktivt närvarar vid den. Och Källan är med oss just nu; att inte se den är just problemet.

Av den anledningen kommer du i detta första skede att börja leva sanningen. För sanningen finns inte, den levs. Och för att göra det är vår uppgift att släppa taget om bagaget, ta av oss ögonbindeln och ta det verkliga steget.

Är det obekvämt? Ja.

Vill du inte göra det? Kanske.

Kommer det att ta dig till en annan nivå av förståelse? Utan tvekan.

Saker du kommer att sluta med från och med idag

- **Missbruk** (pornografi, videospel, cigaretter eller andra vanor som stjäl din energi).

- **Droger** (alkohol, marijuana eller andra substanser som gör att du tappar balansen).

- **Dömande av andra** (du är inte längre någon domare).

- **Begränsande miljöer** (gamla kläder, stagnerade platser, människor som dränerar din energi).

- **Giftiga livsmedel** (sluta förgifta din kropp, ditt sinne och din själ med bearbetade livsmedel och kemikalier).

- **Miljöer med låg vibration** (tomma fester, skrik, konsumtion av rädsla).

- **Giftiga sociala nätverk** (sluta följa dem som inte höjer din medvetenhet).

- **Nyhetsprogram** (programmerade för att fylla dig med rädsla och distraktion).

Varför är detta nödvändigt?

För att en förgiftad person inte kan se någonting, varken utåt eller inåt. Om du vill veta sanningen måste du först rensa bort allt som hindrar dig från att se. Att inte göra det skulle vara som att försöka köra framåt med en vindruta som är helt repig eller full av smuts. Först rengör vi den, sedan kör vi framåt med klarhet, övertygelse och säkerhet.

Om du förväntade dig att jag skulle ge dig en färdig sanning här, har du valt fel författare och fel bok.

Jag kom inte för att ge dig en sanning. Jag kom för att vägleda dig så att du själv kan upptäcka den enda sanningen. Och det uppnås inte genom att samla på sig fraser, konspirationsteorier eller kunskap. Det uppnås genom att släppa lager efter lager tills ditt sanna jag, det upphöjda jaget, träder fram.

Vi kommer att prata mer om det senare. För tillfället kan du betrakta detta som en inledande rening. En symbolisk handling. En pånyttfödelse.

Om något av det du läser stör dig, om du tycker att du inte borde göra det eller att det inte är nödvändigt, ställ dig själv en ärlig fråga:

Läser jag den här boken för att lära mig något eller för att bekräfta det jag tror att jag redan vet?

Ur min synvinkel är det ologiskt att läsa en bok och tro att man redan har alla svar, för i så fall skulle man bara bekräfta sin arrogans och brist på ödmjukhet. Om du bestämde dig för att köpa den här boken eller ägna tid åt att läsa den för att du anar att den kan hjälpa dig att förändra ditt liv, är det minsta du kan göra att vara mottaglig, låta dig vägledas och se till att din investerade tid verkligen är värd det.

Hur många människor köper kurser, böcker, utbildningar, retreats, går på evenemang... och sedan fortsätter deras liv precis som vanligt? Har du funderat på det? Jag har det. Många gånger. Och jag upplevde det själv i början av min „sökande efter kunskap". Jag konsumerade information utan att tillämpa den, i hopp om att upptäcka något nytt som skulle förändra mitt liv. Men ingenting förändrades, eftersom det väsentliga – jag, som skapare – inte förändrades. Min attityd när jag lyssnade på mentorer eller författare var arrogant, utifrån ett "jag jag vet redan"-perspektiv. Och när man befinner sig där stängs kunskapstanken. Ingenting mer kommer in.

Så om du ska fortsätta läsa, töm tanken. Investera din tid klokt och låt dig vägledas, för...

> *"Tro utan handling är död tro."*

Med det sagt, låt oss fortsätta med denna rening och anpassning, och släppa taget om allt från det djupaste till det mest överflödiga som just nu snurrar i ditt huvud.

Sanningen började starkt, ja. Men var inte rädd: om den här boken hamnade i dina händer är det för att du redan är redo att läsa den. Du är redan redo att ta emot all information och alla instruktioner så att den "förändring" som du säkert bad universum om äntligen kan börja ta form på riktigt. Annars skulle du aldrig ha stött på den.

STOPP 2: KONSTEN ATT SLÄPPA TAGET

Få behärskar denna konst, och ändå är den en av de viktigaste för att kunna behärska alla andra. Märkligt, eller hur? Konsten att släppa taget – konsten att släppa – är paradoxalt nog den som gör det möjligt för oss att behålla mest.

Med tiden upptäckte jag en mycket enkel filosofi: om du inte vill att något ska äga dig, äg ingenting. Och om något kommer in i ditt liv, förstå att du bara förvaltar det under en tid.

Men vänta... jag säger inte vad du tror.

Att inte äga betyder inte att du inte kan köpa den där bilen, det där huset, eller att du måste flytta till Himalaya och leva som en munk eller bli hippie i Indien.

År 2024 lockade jag en Porsche Cayman S till mitt liv, en vacker sportbil som markerade en vändpunkt i mitt liv. Men det var inte av det uppenbara skälet – det var inte för att jag blev den första personen i min stad och omnejd som hade en sportbil av den kalibern parkerad hemma varje dag – utan för att den bilen avslöjade mina bindningar, mina gränser och mina rädslor som ingenting annat hade gjort tidigare.

Under de första dagarna med bilen i mitt garage började jag märka hur jag blev alltmer fäst vid detaljerna: om den blev repig, om den skrapade i marken när jag körde, om den blev smutsig... och så vidare.

Min expansiva avsikt – att övervinna en rädsla och köpa en sportbil trots att jag bodde i en by med 1 500 invånare och var en ung författare – överskuggades av mitt ego, som varje dag påminde mig om hur "farligt" mitt beslut var.

När jag insåg vad som höll på att hända började jag snabbt vidta åtgärder. Först observerade jag det. Varje gång den där lilla rösten av rädsla dök upp med någon negativ kommentar, upptäckte jag den och överlämnade den till Gud, och sa saker till mig själv som: *"Om den repas, är det för att den skulle repas." "Om den slår i botten, är det för att det skulle hända." "Jag köpte den för att inspirera andra, inte för att den inte skulle råka något."*

Så småningom började jag omskola mitt sinne. Jag slutade leva i ett tillstånd av beredskap. Jag slutade skydda mig från världen. Och jag började ge mig hän åt den.

Jag ersatte mina destruktiva tankar med neutrala, verkliga och positiva tankar. Och det var från den förändringen som magin började.

Jag började dela videor om bilen och om att släppa taget på sociala medier, och de blev virala. I början förstod jag inte riktigt vilket syfte Gud hade med den bilen för mig. Men efter att ha sett hur många videor som talade om att bilen var ett lån från Gud, att jag hyrde den av honom, att jag bara förvaltade den under en tid – bland andra titlar jag använde – och som nådde tusentals människor... då förstod jag.

Ett enkelt metallföremål gjorde det möjligt för mig att visa världen ett sätt att leva utan anknytning. Ett verkligt sätt, kopplat till den universella sanningen och därmed till den oändliga källan, till medvetandet som upprätthåller allt som finns.

Jag visste att jag bara förvaltade den. Men ibland övertygar vi oss själva om att saker borde vara mer beständiga. Och det är då vi återigen komplicerar våra liv: genom att tro att det materiella kommer att ge oss den lycka vi söker... när i själva verket ingenting i världen kan ge oss det vi verkligen söker: fred.

Vi kommer att känna lycka många gånger, med många saker. Men det är inte något som varar eller består, för det är något som hör till världen. Fred, däremot, behöver ingen anledning.

Det sätt att leva som du kommer att lära dig i denna bok är motsatsen till det som världen lär ut. Jag kommer att visa dig sanningen, just så att du kan leva i den.

Denna process börjar med ord och uppenbarelser som dessa. Men när du väl har gett dig in på denna väg kommer det att vara omöjligt att se på livet som förut.

Med detta säger jag inte att du inte ska ha materiella ting. Vad jag säger är att du inte ska tro att de är dina. Och den skillnaden förändrar allt.

När du köper en bil är den, ja, pragmatiskt sett din. Utan tvekan. Men andligt sett är den inte det: den är bara ett lån från Gud.

Varför är din bil inte din bil utan bara ett lån från Gud? Eftersom den uppfattning som får oss att tro att något är "vårt" bara ser det som våra världsliga ögon uppfattar, oförmögna att uppfatta situationens andliga verklighet: att allt är Guds verk.

Mörkret är inte verkligt, det är bara frånvaron av ljus. Därför är det du kallar "förlust" i ett visst ögonblick bara en illusion skapad av din perception, som säger dig att något fanns och nu inte finns längre. På samma s t sätt är det du kallar "vinst" också en illusion: du känner att du har något för att du inte hade det tidigare.

Inget av dem är verkligt. De får bara "verklighet" i egots ögon. Och problemet är att egot identifierar sig med formen, utan att kunna se vad som upprätthåller formen. Det är den slöjan som vi börjar dra undan.

För att gå vidare och skapa den karaktär vi ska spela i denna Matrix och upptäcka den enda sanningen, är det viktigt att släppa mer av det vi håller fast vid. Och den avskiljningen börjar inte på utsidan, utan på insidan. Först aktiveras den på det andliga planet, och sedan återspeglas den på det materiella planet.

Det handlar inte om att leva utan att ha, utan om att lära sig att ha utan att det äger en. Det betyder inte att man inte ska köpa, njuta av eller använda saker; det betyder att man, när man gör det, ska komma ihåg att allt som kommer in i ens liv är tillfälligt: ett lån som man förr eller senare måste betala tillbaka. Det "någon gång" kan vara när man lämnar denna kropp, eller till och med mycket tidigare. Men om ens frid är beroende av det, då är det inte frid.

> *"Den sanna kraften ligger inte i att hålla fast, utan i att släppa taget utan att förlora sig själv. För det enda som verkligen tillhör dig ... är ditt val."*

Denna princip är inte symbolisk. Det är ett sätt att leva. Och när du förkroppsligar den, lägger du grunden som gör att du kan bära upp omvärlden utan att den knäcker dig: en solid inre värld av överflöd, där avskiljandet från saker och ting slutar vara en ansträngning och blir en grundläggande, naturlig och befriande filosofi.

I detta spel är det enda beständiga förändringen. Och om du fäster dig vid saker, skriver du ett direkt kontrakt med lidandet, för i den yttre världen är allt i ständig rörelse. Allt förändras, allt går förbi.

När du inser att tanken "det här är mitt" bara är en övertygelse, uppstår möjligheten att transcendera det fästet. Och när du släpper taget öppnas det upp utrymme i ditt liv för att ta emot det du alltid har velat ha, men inte längre från ett tomt begär, utan från en inre övertygelse om att det tillhör dig... just för att du slutade jaga det och blev någon som kan hantera det.

Det är inte samma sak att fylla ett tomrum som att uttrycka sig från fullkomlighet. Det är inte samma sak att sträva efter att uppnå något som att attrahera det från sin vibration.

98 % av världens befolkning jagar hela tiden efter moroten. De startar företag för att "bli fria", för att tjäna pengar och köpa saker. De studerar för att få ett jobb, tjäna pengar och köpa saker.

De gör alltid något för att få något, istället för att stanna upp, titta inåt, omfamna tomheten, tända ett ljus i mörkret, titta på skuggan och fylla den med närvaro. Och där ligger nyckeln. Inte i ansträngningen, utan i överlämnandet. Inte i kontrollen, utan i kapitulationen.

Låt oss fortsätta.

Låt oss gå vidare till nästa fas: att skapa den karaktär som ska spela detta spel.

I det första steget fokuserade vi på att förstöra den tidigare versionen, genom att betrakta den med kärlek, förståelse och tacksamhet. Nu är nästa nivå att bygga med ett syfte. Vi tog ett första steg. Nu tar vi det tredje. Det andra tog Gud redan.

STOPP 3: SKAPA KARAKTÄREN

"Du kan vara, göra och ha allt du önskar i livet."

Denna mening präglade helt min förståelse av "verkligheten". Den verkar enkel, men rymmer den viktigaste hemligheten som vi människor är begåvade med: en glömd hemlighet, förvrängd av många och missbrukad av lika många.

I denna del får du en tydlig, precis och rak manual om hur du kan bli den du alltid velat vara, göra det du alltid velat göra och få det du alltid velat ha. Du kommer att se att det inte är något mystiskt med det, utan att det är praktiskt, enkelt och helt i linje med universums lagar. Tänk bara på följande:

> *"Oavsett om du tror att det är möjligt eller inte, så har du rätt."*

Nu kommer du att lära dig att spela på livets positiva sida. Att spela med Guds hjälp och förstå vikten av detta när det gäller att uppnå absolut allt du önskar.

Men innan du skapar den personlighet som krävs för en sådan uppgift, låt mig avslöja vad det verkligen innebär. Personligheten är varken en mask eller en artificiell version av dig själv. Den är det renaste uttrycket för din själ som är inkarnerad i denna dimension. Den är verktyget du kommer att använda för att manifestera ditt syfte, utvidga ditt medvetande och tjäna världen.

Jag är säker på att du vid det här laget har lämnat många hinder bakom dig, och om du fortsätter att läsa är det för att du verkligen är engagerad i sanningen. Så låt oss fortsätta att befria sinnet från falska bojor.

Eftersom du har släppt negativa och giftiga vanor och beteenden kan vi nu börja lägga till nya sätt att leva som är i linje med ditt Självs utveckling. När en människa fokuserar på det som upprätthåller henne – den andliga delen – förvandlas hennes liv fullständigt. Men för att se det som inte syns måste vi lära oss att se med nya ögon. När ögonbindeln faller bort uppstår ett klarare, mer verkligt och tystare sätt att se, som alltid har funnits där, även om vi inte har uppfattat det. Det är den syn som upprätthåller allt.

> *"Den yttre världen är skapad till den inre världens avbild. För att något ska existera måste det först ses någonstans, och den platsen är sinnet."*

När du skapar karaktären, se till att du följer de punkter jag angav tidigare och att du verkligen är engagerad i dem alla. Om så inte är fallet, läs inte vidare i denna bok. Detta är mycket kraftfullt och jag vet att jag tar en risk när jag säger det på detta sätt, men du kom för att få sanningen och det är vår standard. Jag vet att vissa saker kommer att ta längre tid att släppa, men om du behåller gamla tankesätt, om du behåller gamla beteenden, om du behåller samma sätt att kommunicera, kan du inte förvänta dig att ditt "sanna jag" ska dyka upp. Om du ser det på djupet är det vi gör att skapa ett kärl för sanningen att flöda i. Att inte följa de steg som beskrivs från början kommer bara att förvirra ditt sinne ännu mer. Det här är inte en bok för att underhålla ditt ego, utan för att transcendera det. Jag vet att det är svårt att läsa dessa rader, men det mest smärtsamma är att behålla en identitet baserad på den o lla rädsla som varje dag skiljer dig lite mer från vad du verkligen är och från allt du kan göra eller ha.

Kom ihåg: vi måste göra det omedvetna medvetet. Och för att uppnå detta är verktyget att släppa taget om det vi trodde att vi var, att frigöra oss från den begränsade versionen som inte längre representerar oss. Många människor fokuserar enbart på att få, och det förstärker bara den tomhet de känner. Det är därför jag insisterar så mycket på att vi först måste göra oss av med de lager av rädsla som grumlar vår syn.

Den här boken kommer att höja nivån. Du kommer att upptäcka saker i denna värld som få kan tolerera. Obekväma sanningar. Väl bevarade hemligheter. Omskakande avslöjanden. Se därför denna inledande process som en reningsprocess. Vi genomför en verklig hjärntvätt, men inte som den som systemet gjorde, utan en inre, kärleksfull och befriande hjärntvätt.

Saker som du inte gillar hos dig själv kommer att komma fram. Murar och gränser som du inte sett eller inte visste att du hade kommer att dyka upp. Inre motstånd, konflikter om att inte vilja följa anvisningar, ilska förklädd till skepticism kommer att manifestera sig.

Konflikter som: *"Skulle inte den här boken handla om utomjordingar, den dolda eliten och konspirationer? Och nu säger du att jag måste ta av mig ögonbindeln först och avslöjar fortfarande ingenting externt?"* Det som klagar är ditt ego. Du kommer att lära dig att tämja det och omdirigera det mot sanningen. Det är målet, och det är det vi arbetar med.

Jag vill bara säga att du inte ska underskatta det som händer nu. Att läsa den här boken skapar nya kopplingar i ditt väsen, och vi har bara börjat.

> *"Det som kommer in skapar det som kommer ut. Därför tar en vis person inte bara hand om vad han äter, utan också vad han lyssnar på och läser."*

Låt mig nu avslöja något viktigt: Det vi tidigare kallade "Djävulen" och "Gud" är bara två sidor av samma mynt. De är samma sak, men fungerar på olika sätt. Djävulen är den del som söver dig, som förstärker illusionen, som vill att du ska förbli sovande (negativ pol). Gud är den del som tänder dig, som påminner dig om vem du är, som visar dig att du kan se även med ögonbindeln på ( ) eller att du kan ta av den när du vill (positiv pol).

Symboliskt representerar "ögonbindeln" tankar, övertygelser, känslor och mönster som grumlar din syn. De hindrar dig från att se helheten, tänka utanför boxen och leva utanför manuset.

Det enkla faktumet att du fortsätter att läsa, förstå och tillämpa det du läser gör att ögonbindeln gradvis löses upp.

Även om du fortfarande har övertygelser och ögonbindeln inte har försvunnit helt, kommer du att börja känna sanningen i varje por i din kropp. Även utan att se den. För sanningen syns inte, den känns igen.

Dessutom måste du förstå att det jag nämner inte är något nytt eller dolt. De som styr det globala systemet vet om det och använder det. Symboler laddade med makt, "sammanfallanden" som i själva verket inte är det... Den som dominerar det materiella spelet gör det inte för att han dominerar materien, utan för att han vet hur man använder sin energi: sina tankar. Han tänker i linje med vad han vill.

Jag minns fortfarande första gången jag upplevde ett andligt uppvaknande – eller åtminstone så kallar jag det. Jag hade planerat mitt liv för att bli pilot i Uruguays flygvapen, men av tekniska skäl blev jag utesluten från den möjligheten. Det året, när jag kände mig helt vilsen och utan mål, började jag söka svar på det enda ställe där systemet sa att de fanns: pengarna.

Om det var något jag hade förstått så var det att allt handlade om att studera för att sedan få ett jobb, så jag tänkte: *"Finns det något annat sätt?"* Den frågan ledde mig till att söka efter alternativ och under mina sökningar började jag titta på videor om hur det finansiella systemet fungerade, om sätt att tjäna pengar utan att gå på universitetet, och för första gången kände jag ordet *entreprenörskap* pulsera inom mig.

Ja, mitt första uppvaknande var finansiellt. Jag började läsa böcker om andlig ekonomi, lära mig om världsekonomin, fastigheter, metoder för att tjäna pengar på internet och en mängd andra saker. Det viktigaste: min hjärntvätt hade börjat. Sedan dess har jag aldrig sett på livet på samma sätt. Men utan att jag märkte det började jag jaga en ny morot. Det handlade inte längre om att skaffa ett jobb för att tjäna pengar, nu handlade det om att starta ett företag för att tjäna pengar. Jag bytte bara medel, men mitt fokus var fortfarande på att **ha**.

I flera år misslyckades allt jag företog mig. Jag lyckades inte tjäna pengar på något av mina projekt, och det enda jag gjorde var att öka min kreditkortsskuld som min far lånade mig för mina utgifter, delvis på grund av min okunnighet och brist på självkontroll.

Naturligtvis slutar historien inte där. Efter så många misslyckanden förstod jag äntligen att jag måste sluta jaga. Jag började ägna mig helt åt att skapa personen. Att fokusera på mig själv, utan distraktioner, och eliminera alla störningar som hotade mina dagar. Det innebar att jag måste ta avstånd från människor som jag kallade vänner, sluta konsumera negativ nyhetsrapportering och börja ta hand om absolut allt som kom in i mitt fält genom mina sinnen.

Första gången var uppvaknandet yttre. Jag såg ögonbindeln och ville riva bort den med våld, bara för att sätta på en annan. Denna andra gång slutade jag fokusera på ögonbindeln och tittade inåt. Ögonbindeln var fortfarande där, men tack vare varje insikt, reflektion och motgång som jag använde som lärdom skapade jag en verklig person. Den enda möjliga: den som inte jagar, den som är full, den som vibrerar av kärlek och den som ständigt expanderar. Samma som jag nu bjuder in dig att skapa.

För att skapa karaktären i denna Matrix kommer vi att använda denna formel som vägledning:

VARA – GÖRA – HA

Denna formel är bron mellan det osynliga och det synliga, mellan det som är och det som upplevs. Om du tillämpar den korrekt kommer du att kunna manifestera med integritet allt som din själ kom för att uppleva.

- **VARA** representerar den inre världen av dina nuvarande övertygelser.

- **GÖRA** representerar den inre världen av dina nuvarande handlingar.

- **ATT HA** representerar din yttre verklighet, det du har dragit till dig utifrån vad du tänkte och gjorde i den tidigare tidslinjen.

Om vi sätter det i perspektiv: en person (du) köper den här boken (drar den till sig i sitt liv). Sedan börjar hen läsa den (**GÖRA**). Och som en följd av det får hen något (**HA**). Ersätt detta med vilket exempel du vill och du kommer att se att det fungerar på samma sätt. Allt vi har är resultatet av vad vi har gjort, och allt vi har gjort kommer från hur vi tror att vi är.

När ingen lär oss denna formel hamnar vi i en omvänd situation: vi tror att vem vi är beror på vad som händer utanför oss (om det är kallt eller varmt, om det regnar eller inte), på vad vi gör (om vi tränar eller inte, om vi äter eller inte) eller på vad vi har (om vi äger sanningen eller inte). Denna inställning – om du lyssnade noga – är den hos någon som spelar på den passiva sidan: betingad och påverkad av vad som händer i livet. En person på den sidan klagar, rättfärdigar sig och ursäktar sig hela tiden. Och naturligtvis får hen mer av samma sak eftersom hens energi är klagomål, lidande och smärta.

Vad vi egentligen söker är att vända på den riktningen: att vara de som påverkar livet, samtidigt som livet påverkar oss, i den ordningen. Det vill säga, spela från den aktiva sidan av oändligheten.

Så, om **GÖRA** och **HA** i slutändan är en konsekvens av **ATT VARA**, är det då inte logiskt att börja anpassa våra handlingar efter vårt Varande för att därmed uppnå ett annat resultat?

Det vill säga, om allt handlar om att göra den "mörka" delen medveten, kan vi genom höga handlingar ansluta oss till vår högsta version: det a varat som tålmodigt väntar på att vi ska använda det för att expandera i livet.

Det är just detta som ofta hindrar människor: de tror att de inte kan, att det inte är något för dem, att de kommer att misslyckas. Och det är precis där djävulen smyger sig in och ögonbindeln fäster igen.

För att undvika detta behöver vi ett sista nyckelbegrepp innan vi visar dig steg för steg vad du ska göra från och med idag för att sluta falla för Djävulens frestelser.

STOPP 4: MÄNNISKANS ENDA SYFTE

Tror du verkligen att en fokuserad person kan falla tillbaka i mörkret igen? Svaret är ja, det kan hen. Men sannolikheten för att det ska hända är mycket mindre om hen håller sin uppmärksamhet fokuserad på sitt livs syfte, klart och tydligt, varje sekund.

Ett sinne som är fokuserat på sitt syfte är ett hot mot djävulen och systemets undersåtar.

Detta kan bevisas på ett mycket enkelt och praktiskt sätt: gå längs gatan på en plats full av människor. Medan du går, fäst blicken på en punkt i fjärran, med fast uppmärksamhet, och gå med säkerhet. Det som kommer att hända är att människor börjar göra plats för dig. Det verkar otroligt tills man upplever det, och då förstår man att handling ingjuter tro och utan tro kan vi inte uppnå någonting (vi kommer att fördjupa oss i detta senare).

Varför händer detta? För att ditt sinne skapar din verklighet. Om du är fokuserad på en sak, är det det du kommer att få. Föreställ dig scenen: du går med fast och fokuserad blick, utan att avvika, och folk gör plats för dig. Det som för ett inaktivt sinne skulle vara ett hinder, blir för den som spelar på den aktiva sidan av det oändliga en del av flödet. Ja, hindren finns fortfarande där, men du tar dig förbi dem med lätthet.

Detta är ett av de mest kraftfulla motmedlen mot djävulen: uppmärksamhet. Även om den används felaktigt är det också det som snabbast kan få dig att falla i hans nät.

Kom alltid ihåg: när du väljer, är du i Gud, för valet är bara möjligt från ett sinne i visshet. Att inte välja håller dig i tvivel. Tvivel leder till osäkerhet, och osäkerhet lämnar dig i drift. Och i driften är det där djävulen finns.

Det är som när du är hungrig och öppnar kylskåpet: om du väljer att äta ett äpple, äter du det och blir mätt. Men om du tvekar mellan äpplet, kakan eller juicen, står du där och tittar utan att bestämma dig, och till slut... ökar din hunger samtidigt som sannolikheten ökar att du väljer det sämsta alternativet.

"Beslutet ger näring. Tvivel fryser."

När en person går vilse i sökandet efter sanningen, istället för att leva den varje dag, blir hans liv långsammare, han faller i letargi och väntar bara på ett mirakel fram till sin död, utan att någonsin förstå att mirakel är vardagsmat när man lever av Sanningen och för Sanningen.

Därför kommer du att sluta driva omkring när vi går vidare. Du kommer att förstå att om du vill ha sanningen måste du leva den i varje ögonblick. Ja, att leva den medför smärta, men oroa dig inte: för dig, själ som bor i denna kropp, kommer det inte att göra ont. Den som kommer att lida är ditt ego, som fortfarande har bindningar. Men din sanning, det du verkligen är, kan inte lida. Din sanning väntar på att få leva nu. Och det är precis vad vi ska göra.

Många började läsa denna bok i hopp om att den skulle avslöja systemets hemlighet. Och ja, det är precis vad som händer. Men inte det system du trodde.

Det system som skapats av eliten – med sina medier, regeringar, banker, religioner och kontrollstrukturer – är utformat för att hålla 98 % av världen sovande, fångad i negativa tankar, rädsla och osäkerhet. Det är det synliga systemet, det yttre, det som du kan undersöka, anmäla eller vilja störta.

Men det finns något mer obehagligt. Fundera några sekunder på svaret på den fråga som kommer att dyka upp i ditt sinne: **vad skulle hända om det verkliga systemet som upprätthåller det systemet installerades av dig själv utan att du insåg det?**

Jag säger inte att du är en av "dem". Vad jag säger är att när du somnade accepterade du spelets villkor utan att läsa reglerna. Varje gång du slog på tv:n, lydde utan att ifrågasätta, önskade det du blev tillsagd att önska, upprepade det du inte förstod... så gav du det näring. Du skapade inte den yttre Matrix, men du skapade din e mförenlighet med den. Du byggde en perfekt säng inuti det fängelset.

Och det är här det verkligen viktiga börjar.

Jag förstår nyfikenheten att vilja upptäcka världens dolda trådar. Jag ville också veta allt. Men ju mer jag undersökte, desto fler frågor uppstod. Tills jag förstod att det verkliga systemet jag måste avveckla var mitt eget: det inre, det som skapar min verklighet.

Och här måste vi vara brutalt ärliga: vill du verkligen förstå hur det yttre systemet fungerar och "demontera" det? Eller vill du vara, göra och ha det du alltid har velat?

Egot smyger sig lätt in. Vi har alla varit där, oavsett vår status i denna värld. Vi har alla ett ego, ingen av oss har lärt oss en gnutta sanning... men här är vi, tillsammans, och avslöjar detta för världen.

För det system som skapar alla system – det filter genom vilket du tolkar livet – är ditt eget.

Ett storskaligt experiment genomfördes i Washington D.C. mellan den 7 juni och den 30 juli 1993 ( ), då cirka 4 000 meditationsutövare samlades i staden för ett prospektivt projekt som utformats med hypoteser och föregående vetenskaplig granskning.

Författarna rapporterade att under perioder med högsta deltagarantal minskade våldsbrott mot personer med upp till 23,3 % (och den totala våldsbrottsligheten minskade med cirka 15–24 % enligt analyserna), med statistiskt signifikanta resultat rapporterade av teamet.

Den officiella tolkningen var tydlig: förändringar i det "kollektiva medvetandet" – det de kallar Maharishi-effekten – förknippades med mätbara minskningar av våldet.

Och ja: dessa resultat har väckt akademisk debatt – det finns förespråkare som replikerar analyser och det finns metodologiska kritiker och krav på oberoende repliker – men det avgörande för dig är den praktiska lärdomen: om det kollektiva medvetandet visade en statistisk effekt på våldet i en huvudstad, då är det inte bara filosofi att avveckla det inre systemet: det är en hävstång med mätbara konsekvenser.

Så nu ska vi bryta ner det inre systemet (det som projicerar det yttre systemet) för att förstå hur du själv skapar din verklighet efter ditt eget avbild.

Den mentala skapelseprocessen:

- Dina tankar får dig att känna på ett visst sätt.

- Dina känslor får dig att bli emotionell på ett specifikt sätt.

- Dina känslor driver dig att agera i linje med vad du känner.

- Dina handlingar skapar konkreta upplevelser i ditt liv.

- Dina upplevelser övertygar dig om att livet är på ett visst sätt, vilket leder till att du tror vissa saker om dig själv och om världen.

- Hans övertygelser, i denna sista och första fas, får honom att tänka på ett visst sätt om livet och därmed skapa varje detalj av det han ser, enligt sin egen bild.

Och vet du vad som är mest slående? Att detta är cykliskt! Det slutar inte... förrän du gör något annorlunda i någon länk i kedjan. Det är precis vad jag föreslog i de föregående styckena.

Kan du föreställa dig hur ditt liv skulle kunna förändras om du började uppmärksamma dina tankar? Eller om du var medveten om dina känslor, emotioner, handlingar, erfarenheter och övertygelser?

Det system som styr ditt liv projiceras på det du ser utanför. Det är därför människor inte ser vad som händer utanför: de ser vad de projicerar inifrån, enligt varje del av den kedjan.

Jag ska dela med mig av vad jag har upptäckt om de yttre systemen och hur man kan observera dem från ett bredare och mer evolutionärt perspektiv för att förstå den värld du befinner dig i. Men om du inte omkonfigurerar ditt eget system... kommer det inte att hjälpa att förstå de andra. Det enda det kommer att hjälpa är djävulen, eftersom det kommer att göra dig mer rädd, mer tveksam... och vilsen.

Det här är de områden som jag rekommenderar att du börjar arbeta med för att anpassa ditt jag och sluta vandra planlöst genom livet. Vad du än gör, vem du än är, är detta grunden som ligger till grund för alla typer av framgång, inom alla områden. Vi ska gå igenom varje punkt i detalj så att det blir enkelt och du kan börja redan idag att styra din verklighet mot ett högre tillstånd.

Grunderna för ett inre system som är i linje och sammanhängande:

1. Medveten kost
2. Fysisk träning

3. Tjänande av andra

4. Höga vanor

1. En helig varelses kost:

Vi underskattar hur lätt det är att distraheras av mat och, av ren okunnighet, underskattar vi vad vi stoppar i vårt tempel: kroppen.

Den som stoppar i sig mat, blandar ihop livsmedel utan eftertanke, äter för mycket eller inte ger sin kropp rätt näring, kommer förr eller senare att hamna på avvägar. Kroppen – andens tempel, det fordon med vilket vi spelar detta dubbla spel – förtjänar att behandlas med största aktning och med högsta standard om vi vill spela ett bra spel.

De flesta människor har problem med sin kost, och det är förståeligt: ingen har lärt oss hur vi ska äta. Det är därför vi drabbas av så många sjukdomar, smärtor och distraktioner. Vi underskattar verkligen hur viktigt mat är och hur lätt det är att låta sig luras bara för att tillfredsställa lusten att äta.

Jag minns att jag en dag skulle äta lunch med min partner och hittade en burk majonnäs i kylskåpet. Jag tog ut den och tänkte: *"Jag ska ha lite på maten"*. Men genast kommenterade jag att det var konstigt att vi hade majonnäs. Vi kom ihåg att några vänner hade varit hemma hos oss några dagar tidigare och antog att de hade köpt den. Så, nästan av en slump, bestämde jag mig för att läsa ingrediensförteckningen... och bland ingredienserna fanns en som hette "sekvestreringsmedel". Bokstavligen. Jag kastade genast burken i soporna.

Kan du tänka dig att lägga "sekvestreringsmedel" i din mat? Kan du tänka dig att äta något med det namnet?

Och detta är inte ett isolerat fall. Det handlar inte bara om en majonnäs med "sekvestreringsmedel". Det är en hel livsmedels sindustri som fungerar på ett sätt som verkar hämtat från en konspirationsfilm. Även förpackningar där det står "vegansk", "glutenfri" eller "sockerfri" i stora bokstäver räcker det med att vända på dem och titta på de verkliga ingredienserna för att inse att det verkar som ett skämt. Personligen följer jag en ofelbar regel för att veta vad jag ska köpa om jag väljer något förpackat: om jag inte känner till namnet på ingrediensen, så köper jag det inte. Enkelt. Varför stoppa saker i munnen som vi inte vet vad de är?

Om vi vill gå lite mer in på den energiska och konspiratoriska sidan av saken, räcker det med att titta på de mest sålda varumärkena i världen. **Monster Energy** har en logotyp med tre linjer som påminner om den hebreiska bokstaven *Vav* (ו), vars numeriska värde är 6, vilket bildar siffran 666. Deras slogan *"Unleash the Beast"* ("Släpp loss odjuret") förstärker denna tolkning ytterligare.

Oreo har tempelriddarnas kors och symbolen för cirkeln med en punkt i mitten, båda kopplade till esoteriska ordnar.

Kellogg's, grundat av John Harvey Kellogg – en eugeniker besatt av att undertrycka onani genom kost – vilken strategi är bättre ä tt översvämma miljontals människors frukost med sockrade flingor?

Och detta är bara toppen av isberget. Jag ska inte gå in på mer detaljer, men jag vill att du ska inse att detta är verkligt. Ju längre du behåller ögonbindeln på, desto svårare blir det att se sanningen, eftersom djävulen tar dig i munnen varje dag!

Livsmedelsindustrin producerar mat till 98 % av världens befolkning. Det är en miljardindustri vars framgång inte ligger i att mata, utan i att hålla befolkningen sjuk, beroende och beroende. Deras produkter är inte gjorda för att ge oss näring, utan för *att tillfredsställa* begär som de ofta själva skapar.

Om du fortfarande tror att allt detta är en slump, gör ett enkelt test: ta vilken produkt som helst från snabbköpet och vänd på den. Läs etiketten.

Jag försäkrar dig att ditt medvetande kommer att börja guida dig mer och mer att undvika mat med låg vibration. Sanningen har alltid funnits framför dig, men du har ignorerat den eftersom du aldrig har lärt dig att se den, eller för att du trodde att det inte var viktigt att ta ansvar för den. Se, du är inte en kropp: du är ett andligt väsen som bor i en kropp. Du är energi, frekvens och vibration. Därför är absolut allt viktigt. Ja, det kan låta extremt, men medveten kost är grunden för ett väsen vars energi slutar vara grumlig och förvirrad.

Nu vet du det. Frågan är: vad ska du göra med denna information?

Det är ingen slump att vi i årtionden har prioriterat konsumtionen av vissa livsmedel. Det var inte ett fritt val. Vi programmerades som elefanten med repet.

Livsmedelsindustrin säljer inte bara produkter: den säljer idéer, vanor och beroenden. Och det gör den genom ett system som är utformat så att vi aldrig ifrågasätter vad vi äter.

Låt oss titta på socker. På 1960-talet mutade sockerindustrin forskare vid Harvard att publicera studier som minimerade dess koppling till hjärtsjukdomar och skyllde på fetter. Resultatet? Socker introducerades i praktiskt taget alla bearbetade livsmedel och blev en laglig drog som accepterades i varje hem.

Och det är ingen överdrift att kalla det en drog. Socker och kokain aktiverar samma belöningssystem i hjärnan. Vissa studier har till och med visat att socker kan vara mer beroendeframkallande, eftersom det upprepade gånger stimulerar frisättningen av dopamin, vilket skapar en cykel av tvång och abstinens. Skillnaden är att socker, till skillnad från kokain, finns i nästan alla produkter i snabbköpet: bröd, såser, juice och till och med barnmat.

Detta var inte ett misstag: det var en strategi. Sockerindustrin skapade hela generationer av missbrukare utan att någon märkte det. Det handlade inte om näring, utan om affärer.

Samma sak hände med kött. Det räckte inte att folk åt det sporadiskt; industrin behövde göra det till ett psykologiskt behov.

De fick oss att tro att utan kött finns det inga proteiner. Att utan proteiner finns det ingen styrka. Och att utan styrka finns det inget liv.

Men vad skulle hända om jag sa att allt detta är en av livsmedelsindustrins största bluffar?

Idén om att vi behöver massor av protein infördes strategiskt av kött- och mjölk sbolag. På 1950-talet spenderade den amerikanska nationella boskapsuppfödarföreningen miljoner på reklam med slogans som *"Beef. It's what's for dinner"* ("Nötkött. Det är vad vi äter till middag"). I Europa finansierade EU kampanjer för att vända den sjunkande köttkonsumtionen och säkerställa efterfrågan.

Verkligheten ser annorlunda ut. Protein finns överallt: i frukt, grönsaker, nötter och baljväxter. Vi behöver inte konsumera det i överdrivna mängder, och än mindre vara beroende av enbart animaliskt protein. Överskottet omvandlas inte till muskler, utan till glukos; det överbelastar njurarna och försura kroppen, vilket ökar risken för metaboliska sjukdomar.

Så vem tjänar på att du tror att du behöver så mycket protein? Fundera på det. Inget av detta är en slump.

Och glöm inte frukosten. Vi har fått oss att tro att det är "dagens viktigaste mål", men denna idé kommer inte från vetenskapen, utan från marknadsföringen av spannmålsprodukter.

Det var John Harvey Kellogg, grundaren av Kellogg's, som drev på idén, inte av hälsoskäl, utan som en strategi för att undertrycka sexlusten. Enligt honom var f -flingor en "idealisk diet för renhet" och ett sätt att "kontrollera lust". Sedan dess har frukosten blivit ett obligatoriskt ritual, förstärkt av årtionden av reklam för flingor, mejeriprodukter och bearbetade juicer.

Men vad de inte berättar är att det kan vara det bästa du kan göra för din hälsa att hoppa över frukosten.

Intermittent fasta – att låta det gå längre tid mellan måltiderna – har visat sig vara en av de mest effektiva metoderna för att minska inflammation, förbättra insulinkänsligheten och öka livslängden. När du fastar aktiverar din kropp en process som kallas **autofagi**, där den eliminerar skadade celler och regenererar vävnader.

Om frukosten var så viktig som man har fått oss att tro, varför reagerar då vår kropp bättre när vi inte äter på morgonen?

Så här hackade marknadsföringen vår biologi och vår kultur. De övertygade oss om att vissa livsmedel var nödvändiga när de i själva verket var verktyg för massmanipulation.

Vad skulle du äta om ingen hade programmerat dig?

Under större delen av mitt liv prioriterade jag kolhydrater, raffinerat socker, mjöl, kött och alla typer av livsmedel utan att veta vad de egentligen innehöll eller hur de var tillverkade.

Det ledde till ständiga hormonella obalanser, att jag distraherades av mat, åt för mycket eller blev rigid med mina scheman tills jag blev beroende av dem. Jag blev irriterad om jag inte åt lunch klockan 12. Jag satte maten på en piedestal, men utan någon kunskap om dess beståndsdelar. Resultatet: en kropp som jag inte var tacksam för, ett liv som inte hedrade mig och en inkonsekvent rutin.

Efter att ha provat olika dieter i flera år förstod jag något viktigt: det finns ingen diet som är hållbar på lång sikt. Varför? För att tiden i sig inte är hållbar; den är en konstruktion av vårt ego. Allt du placerar i tiden placerar du i ett utrymme avsett för lidande, för det enda som är permanent i tiden är förändring.

Så vad gör vi då? Som Nikola Tesla sa: *"Om du vill förstå universums hemligheter, tänk i termer av energi, frekvens och vibration"*. Och det var vad jag började tillämpa på maten.

Jag började prioritera mat med hög energikalibrering, samtidigt som jag lyssnade på min kropp varje dag. Lite efter lite började jag belysa mina rädslor och osäkerheter för att förstå vad jag verkligen behövde. Jag slutade döma mina måltider, jag slutade irritera mig, jag slutade sätta maten på en piedestal. Mitt liv blev enklare, mer berikande, och jag började använda maten endast när den tjänade ett högre syfte. Kort sagt: jag slutade prioritera egot och mina bindningar.

Längre fram i denna bok kommer jag att berätta hur man kan läka alla sjukdomar ur ett psykologiskt och andligt perspektiv. Men om du redan idag börjar prioritera en medveten, alkalisk och högvibrerande kost, och lyssnar på din medvetandes röst i varje ögonblick, kommer resultaten i form av mental klarhet, andlig kontakt och läkning att bli något du aldrig tidigare upplevt.

En kropp som inte behandlas med respekt ger näring åt ett sinne som är oförmöget att behandla sig själv och andra med respekt. En kropp som är frånkopplad är en kropp som är separerad från den oändliga källan, dömd att acceptera det som „tillfaller" den istället för att kräva det den verkligen vill ha av livet.

Nu kan vi inte vara fysiskt, mentalt och andligt i linje om vi inte skapar ordning. Kaos följer alltid oordning. Så här är en enkel guide för att hantera vad du äter och bli medveten om vad din kropp behöver för att fungera varje dag med energi.

Guide för att behärska kosten och hålla den fysiska kroppen i ordning:

1. Beräkna hur många makronäringsämnen du behöver per dag (du kan söka på Google efter „*makroberäknare*"). På så sätt vet du hur mycket du ska äta utifrån ditt mål: att bibehålla din vikt, gå ner i vikt eller gå upp i vikt.

2. Använd en app som *MyFitnessPal* för att registrera dina makronäringsämnen (fetter, proteiner, kolhydrater) och dina måltider. En köksvåg är din bästa vän: väg maten, lägg in den i appen och klart. Om du föredrar en annan app spelar det ingen roll: det viktigaste är att registrera. Det låter extremt, men det är det inte. Sanningen är att du inte vet hur du ska äta, och du måste börja ordna upp ditt liv. Sluta driva omkring.

3. Undvik livsmedel med låg vibration som rubbar balansen i kroppen: rött kött, fågel, fisk, bearbetade livsmedel, animaliska produkter, charkuterier, socker, vete- eller majsmjöl, raffinerade oljor etc.

4. Kontrollera alltid vad du köper i mataffären. Det är en fälla för de som sover. Lämna inget åt slumpen.

5. Prioritera vegetabiliska livsmedel som frukt, grönsaker, nötter och groddar. Och om du vill ta det till en högre nivå, utforska raw food-kost.

6. Minska antalet måltider per dag. Försök att äta högst tre.

7. Fasta med vatten eller te sporadiskt, eller praktisera intermittent fasta i 14 till 16 timmar flera gånger i veckan för att rena kroppen.

8. Våga dig på längre fastor: en dag, två, tre eller fler. Lyssna på din kropp och dina rädslor, och gör det alltid med en tydlig avsikt att höja syftet.

9. Blanda inte för många livsmedel. Kombinera inte frukt med mjölprodukter eller proteiner med stärkelse. Överbelasta inte din tallrik med för många olika livsmedelsgrupper. Ät enkelt: en livsmedelsgrupp åt gången.

10. Minska antalet ingredienser per måltid. Titta på hur många ingredienser du har på tallriken och minska dem till 5 eller 7, helst 3. Ofta är dessa "mega hälsosamma sallader" i själva verket matsmältningsbomber.

Kom ihåg: det handlar inte om att bli perfekt från en dag till en annan, utan om att höja din frekvens en dag i taget. Du behöver inte göra allt på en gång; du har precis börjat lära dig detta. Ha tålamod. Sanningen har en obeveklig kraft: när den väl är känd kan den inte längre döljas. Det är som att säga att när du väl har tagit av dig ögonbindeln och sett verkligheten, kan du inte radera det du sett, även om du bestämmer dig för att sätta på den igen.

Låt oss nu gå vidare till den andra punkten för att uppnå en fullständig harmonisering av ditt väsen.

2. Det högsta energivehikeln som finns:

Din kropp är inte bara ett fysiskt fordon, den är en antenn som tar emot, kanaliserar och sänder energi. Från det ögonblick du vaknar till dess att du somnar absorberar och projicerar du frekvenser.

Och det finns något som få förstår: när du rör din kropp omkonfigurerar du ditt energifält.

Tänk på naturen: ingenting i universum står stilla. Galaxerna roterar, floderna flyter, vinden rör sig oavbrutet. Livet är energi i rörelse. Och det är din kropp också.

Här är poängen: avsiktlig rörelse stärker inte bara din fysik, utan synkroniserar också din energi med högre vibrationer.

Därför kommer du från och med nu att träna för att transcendera.

Du kommer inte att göra det för att se bättre ut.

Du kommer inte att göra det för att öka din prestation.

Du kommer att göra det för att minnas vem du är.

Det spelar ingen roll vilken sport du väljer; från och med nu kommer allt du gör att utgå från denna grund: **anden över materien**.

Varje gång han tränar kommer hans avsikt att vara att frigöra blockeringar, släppa taget om det som inte tillhör honom och återansluta sig till sin essens. Och för att uppnå detta måste hans träning ske med **fullständig närvaro**.

När du tränar, ge allt.

Att träna med kroppen i viloläge är som att be utan tro. Om du ska röra på dig, rör dig med avsikt.

Hur kommer din träning att se ut?

Du kommer att träna två gånger om dagen.

- **Första sessionen:** kommer att vara din förankring i nuet. Den fysiska strukturen som påminner ditt sinne om att det är du som har kontrollen. Gör det så tidigt som möjligt: det kommer att vara din första vinst för dagen, din första investering i den boll av positiva tankar som kommer att växa sig allt större.

- **Andra sessionen:** kommer att vara din energiportal. Den är inte till för att förbättra din fysik, utan för att höja din vibrationsfrekvens. Gör den när du känner dig frånkopplad, trött eller fast i låga vibrationer. Det spelar ingen roll om den varar i fem minuter eller en timme: det viktiga är att det är en handling för att omstämma din energi.

Varje rörelse kommer att vara en bekräftelse.

Varje andetag kommer att vara en nystart.

Varje droppe svett kommer att vara en blockering som släpps.

Frekvensen är allt.

För bara några veckor sedan slog jag ett personligt rekord som utvidgade mina gränser. Jag började, med det enkla syftet att „höja min vibration", att låsa upp förmågor som jag inte visste att jag hade. Jag bestämde mig för att göra armhävningar till låten *Bring Sally Up*, en berömd utmaning där man går upp, ner, håller kvar och går upp igen i takt med rytmen.

I början klarade jag inte av de tre och en halv minuter som låten varar, så jag bestämde mig för att göra det varje dag. Två veckor senare kunde jag göra två låtar i rad. Ja, det betyder att jag gick från att inte kunna hålla ut i tre minuter till att göra mer än sex på ett par veckor.

Det kan verka som om jag blev starkare fysiskt genom den dagliga träningen, men sanningen är att ingen dag var lättare eller gjorde mindre ont. Varje gång jag kastade mig på golvet för att göra armhävningar var jag tvungen att övervinna min lust att sluta. Och när jag nådde min tidigare gräns pressade jag mig lite till.

Det ögonblicket när du tror att du inte orkar mer, när allt inom dig skriker att du ska sluta... det är då expansionen sker.

Många säger att mirakel inte finns. Jag tänker för mig själv:

> *"Mirakel kan man inte vänta på. De skapas när man ändrar sitt sätt att se på verkligheten."*

När du slutar att passivt observera livet och antar en aktiv attityd av transformation, svarar universum.

Handling ingjuter tro. För tro utan handling är död tro.

3. Vad en Guds son gör

Nu har vi äntligen grunden för att vara Guds barn och förstå vårt syfte som människor. De tidigare punkterna var avgörande för att nå denna medvetenhetsnivå, och det är just tillämpningen av dessa punkter som gör att många upplever rikedom och överflöd i alla delar av sitt liv. De som ignorerar dem, fortsätter helt enkelt att spela under sin förmåga.

> *"Och glöm inte denna heliga princip: att ge och ta emot är två poler av samma frekvens.*
>
> *När du ger från sanningen kommer du oundvikligen att ta emot från överflödet. Inte för att du förväntar dig det, utan för att du kalibrerar din energi med den universella lagen om cirkulation.*
>
> *Öppna ditt hjärta för att ta emot kärlek, erkännande, pengar, tacksamhet och allt som universum vill ge dig tillbaka för din tjänst."*

Den som inte lever för att tjäna, tjänar inte till att leva.

Människans djupaste syfte är att ge. Att tjäna är att låta livets energi flöda genom dig utan motstånd. Det spelar ingen roll hur du gör det, för den enda energi som aldrig tar slut är den som ges med ren avsikt.

I boken *La Ley del Uno* (Lagen om Enheten) avslöjade Ra (den energiska varelsen som kanaliserades av forskarna) att själens utveckling delas in i två vägar: tjänande av andra och tjänande av sig själv. Den första leder till expansion och enhet med skapelsen. Den andra leder till stagnation och frånkoppling. Ju mer du tjänar, desto mer höjer du din frekvens, desto mer i linje med sanningen blir du och desto lättare blir din väg.

David Hawkins, läkare och forskare som skapade **medvetenhetskartan**, visade att känslor och inre tillstånd har en mätbar vibration. Medan rädsla och apati resonerar lågt, vibrerar kärlek och fred högt. Villkorslös tjänst är nyckeln som låser upp dessa frekvenser. För att ge är inte bara en handling: det är en energikalibrering. När du ger utan att förvänta dig något, höjs du automatiskt till en högre nivå.

Tänk efter en stund: när har du känt dig mest tillfredsställd, förenad med livet, i kärlek och hängivenhet? När du ger eller när du tar emot?

Vi har alla upplevt båda erfarenheterna, men vi brukar förväxla dem och tro att vår uppgift är att ta emot, när det i själva verket är den naturliga effekten av att ge!

Vi lever i en verkligt härlig tid. Många kritiserar sociala medier för den mängd desinformation och tomt innehåll som cirkulerar där. Men få har förstått att de kan bli motorer för förändring genom att fylla algoritmerna med sanning.

Om ett budskap kan förändra ett liv, tänk då på vad det kan göra om det når tusentals människor. Tänk på detta: om jag inte hade gått igenom den obekväma processen att skriva dessa rader, publicera dem och nå ut till dig genom spridningsstrategier, skulle du aldrig läsa denna information. Allt hände för att jag använde nätverken för ett syfte som var mycket större än underhållning eller distraktion. Och det är precis vad du borde göra nu.

Jag vet att du kanske inte inser det ännu, eftersom vi oftast behöver tidens perspektiv för att se tillbaka och bekräfta framsteg. Men jag är så säker på att ditt liv kommer att förändras radikalt när du har läst och tillämpat denna sanning, att jag vill ge dig ett förslag som är i linje med din själs utveckling: **dokumentera din transformation.**

Inte från egot, utan från avsikten att inspirera andra att leva utan rädsla, att höja rösten och utmana den in a programmeringen. Varje gång du delar din sanning uppmanar du andra att minnas sin egen.

"På deras frukter skall ni känna dem. Plockar man druvor från törnen eller fikon från törnen?"

(Matteus 7:16, Reina-Valera 1960)

Det du har i ditt liv idag är en följd av ditt igår. Och din morgondag kommer att vara en följd av din idag, som – tack vare detta sammanhang av sanning – kommer att vara mycket högre än du nu kan föreställa dig.

Det omedvetna arbete som denna bok utför i dig kan inte mätas med något av de fem sinnena, utom med det sjätte: det som är direkt kopplat till Gud. För att aktivera det måste du lita på det du ännu inte ser. Lita på dessa ord, på att det du lär dig, känner och upplever har en högre mening. För det är ingen slump att du läser detta. Ingen alls.

> *"För att du ska vara vid liv idag måste en rad så osannolika händelser ha inträffat att det verkar absurt att det har hänt.*
>
> *Bara under de senaste 12 generationerna måste mer än 4 094 direkta förfäder ha träffats, förenats och fortplantat sig vid exakt rätt tidpunkt. Om vi går tillbaka bara 1 000 år talar vi om mer än en miljon människor som är involverade i din direkta släktlinje.*

> *Lägg nu till detta: sannolikheten för att en specifik spermie befruktar en äggcell är 1 på 400 miljoner. Det, multiplicerat med varje lyckad befruktning i din släktlinje, ger en sannolikhet på mindre än 1 på 10^{100000} (ja, en 1 följd av hundra tusen nollor). Och det utan att räkna med krig, pest, missfall, olyckor, små beslut som kunde ha förändrat allt.*
>
> *Du är här, och det gör dig till ett statistiskt mirakel. Inte av en slump, utan för att din existens var förutbestämd.*

Att du läser detta betyder bara en sak: du har trotsat all sannolikhetslogik.

Låt oss hedra det. Låt oss hedra enheten och expansionen av din själ. Förutom att dokumentera ditt förflutna (på fysisk, mental och andlig nivå), om något i den här boken har påverkat dig, dela det. Håll inte tillbaka något som kan väcka någon annan. En historia, ett inlägg, ett meddelande till rätt person vid rätt tidpunkt, eller till och med ge bort den här boken till någon som du känner behöver den. Den information som delas sprids, och därmed också den som förmedlar den.

> *"Varje gång du ger kan du börja om på nytt. Varje gång du tjänar en annan blir ditt liv helat och du blir ett med Gud."*

4. Kraften i att hålla fast vid sanningen

Hur många gånger har du känt sanningen... och sedan förlorat den?

Många är välsignade med uppenbarelser, ögonblick av klarhet eller andligt uppvaknande. Men väldigt få lyckas upprätthålla den gudomliga förbindelsen. Och det är precis vad du kommer att lära dig här: att upprätthålla den och utvidga den långt bortom vad du trodde var möjligt.

Sanningen är inte bara ett ögonblick av förståelse, det är en livsstil. Den känns inte bara, den upplevs i varje ögonblick. Och för att uppnå detta måste vi ta hand om vara i rätt energifält. Det är inte komplicerat, men det kräver att vi utvecklar något som vi kanske har hållit i skuggan: **konsekvens**.

Vanor är inte bara fysiska. Det finns också inre vanor: **tankesätt**.

Att utvidga ditt liv, förbättra varje område och leva i harmoni med Gud kräver att du håller dig på en hög frekvens. Vi har alla fått kraften att tänka. Och jag säger kraft eftersom det fungerar både negativt och positivt. Men som du kommer att upptäcka är en positiv tanke alltid mycket kraftfullare än en negativ.

Rutinen jag ska dela med mig av är enkel, men djupgående. Och viktigast av allt: den fungerar. Du behöver inte uppfinna hjulet på nytt, bara tillämpa den och testa den i din egen erfarenhet. Informationen slutar vara teori när den passerar genom ditt liv.

> *"Förkroppsliga sanningen och sanningen kommer att bli din guide."*

Det du gör idag bygger din morgondag, på samma sätt som din nutid har formats av det du gjorde igår. Ett ordnat liv kommer inte att rädda dig från kaos, men det kommer att göra dig immun mot det.

De flesta människor känner sig vilsna eftersom de saknar struktur. De stiger upp när som helst, gör vad som helst och tänker följaktligen vad som helst... vilket leder till att de får vad som helst, utom det de verkligen önskar.

Om du vill spela på den aktiva sidan av oändligheten behöver du därför absolut engagemang. Nedan hittar du en steg-för-steg-rutin för att få ordning på ditt liv redan idag.

Men om du aldrig tidigare har haft en struktur, börja lugnt. Det handlar inte om att införa strikta scheman, utan om att skapa en energisk **ryggrad** i din dag. Om det känns överväldigande att börja med en gång, börja med en del: till exempel att stiga upp tidigt och träna. Lägg sedan till läsning. Och så vidare, steg för steg.

Exempel på en energisk rutin i linje med sanningen:

Anpassa den efter din livsfas. Sanningen är inte en struktur: det är en frekvens som du förkroppsligar.

Att leva i linje med sanningen betyder inte att ha ett strikt schema, utan en ihållande närvaro under dagen. Det finns inte en enda rätt rutin, men det finns handlingar som höjer, renar och förbinder. Nedan hittar du ett förslag på hur du kan organisera din dag från den **aktiva sidan av oändligheten**, inte från krav, utan från engagemang för din energi.

Om det passar dig, använd det som en guide. Om du befinner dig i ett annat skede, ta bara det som resonerar med dig. Det viktiga är att varje dag leva i harmoni med källan med kropp, sinne och ande.

MORGON: Aktivering av varelsen

- **4:30 – 5:00** → Vakna medvetet. Börja dagen utan distraktioner. Om denna tidpunkt känns avlägsen idag, justera gradvis. Det viktiga är inte tiden, utan handlingen: att vakna med avsikt.

- **5:00** → Fysisk aktivitet. Träna. Metoden spelar ingen roll: promenad, styrketräning, yoga, calisthenics. Sätt igång din energi. Här har du två alternativ: antingen går du direkt till dagens hårda träning, eller så börjar du med rörlighet och senare på morgonen gör du din första hårda träning.

- **6:30** → Skrivande + tacksamhet. Skriv ner dina mål, deklarera ditt syfte, tacka för minst tre saker. Påminn dig själv om vem du är. Försök att göra det med penna och papper. Det skapar många fler neuronala kopplingar än att göra det digitalt.

- **7:00** → Medveten läsning. Läs en bok som höjer din perspektiv. När din mentala sfär innan du utsätter dig för omvärlden. Ägna minst 30 minuter åt inspirerande och medveten läsning.

EFTERMIDDAG: Rotning och tjänande

- **12:00 - 14:00** → Medveten kost. Ät med närvaro. Välj mat med hög vibration. Tugga långsamt. Lyssna på din kropp.

- **15:00 - 17:00** → Tjänande/projekt. Dela, skapa, tjäna. Denna tid är idealisk för att bidra med din sanning till världen.

- **16:00 - 18:00** → Andra rörelsen. Det kan vara konditionsträning, stretching, barfotalöpning eller helt enkelt dans. Släpp spänningarna.

KVÄLL: Integration och kontemplation

- **19:00** → Lätt och tidig middag. Prioritera en ren matsmältning för att sova djupt. Sov inte med magen full.

- **20:30** → Avslutningsritual. Stäng av wifi. Sätt mobilen i flygplansläge. Läs, skriv, kontemplera, meditera eller andas bara.

- **21:00** → Vila. Kvaliteten på din sömn avgör kvaliteten på din perception. Överlämna dig till vila som den som överlämnar sin själ till Gud.

Detta är vad jag rekommenderar:

Börja med en bit i taget. Kanske är det bara att stiga upp tidigare. Eller skriva ner en tanke. Eller stänga av wifi innan du går och lägger dig. En ihållande handling är värd mer än en perfekt rutin som överges.

Det handlar inte om kontroll. Det handlar om att anpassa sig till Källan och minnas vem man är, varje dag.

"Om denna rutin är så bra, så kraftfull, varför rekommenderar inte systemet den? Varför lär man oss inte dessa höga vanor från barnsben?"

Svaret finns i frågan. Men låt oss bryta ner den:

1. För att denna rutin gör dig suverän.

En människa som stiger upp tidigt av egen vilja, som tränar sin kropp, som ordnar sin energi, som tänker själv, som är tacksam, som läser, som mediterar, som kontemplerar, som delar sin sanning... är en människa som inte behöver styras från utsidan. Vilka gränser skulle hon kunna ha? Vilka saker skulle vara omöjliga för henne?

2. För att denna rutin avaktiverar rädslan.

En person som börjar sin dag i lugn och ro, med ett inre syfte och en inre riktning, behöver inga yttre stimuli för att känna sig levande. Om det inte finns någon rädsla, finns det ingen kontroll. Om det inte finns någon ångest, finns det inget konsumtion. Om det inte finns något inre kaos, finns det inget beroende av systemet.

3. För att denna rutin stärker den andliga disciplinen.

Och det gör den farlig för systemet. För en andligt disciplinerad person upptäcker fällorna, förutser bedrägerierna och kompromissar inte med sina värderingar för bekvämlighetens skull.

4. För att denna rutin avslöjar spelet.

När man börjar leva så här börjar allt som tidigare verkade "normalt" verka absurt. Att sova länge, titta på skräp-tv, fylla sig med socker, slösa tid på sociala medier, springa utan mål, köpa meningslöst... allt börjar falla bort. Och när karaktären faller bort, dyker själen upp.

5. För att systemet behöver funktionella människor, inte vakna.

De tränar oss att prestera, inte att minnas vilka vi är. De utbildar oss att arbeta bättre, inte att lev t bättre. De applåderar oss när vi producerar, men tystar oss när vi ifrågasätter. Denna rutin är motsatsen: den producerar medvetenhet, inte produktivitet. Det är därför den inte lärs ut.

> *"För att denna rutin inte tjänar systemet... den demonterar det. Den tränar dig inte att prestera för världen. Den tränar dig att ge upp inför Gud."*

Det är viktigt att betona att rutinen inte är ett straff. Den är strukturen som stöder din transformation. När du prioriterar din anpassning blir tillväxt oundviklig. Och under dessa små handlingar börjar en "snöbollseffekt" som leder dig till att uppnå stora saker när du minst anar det... eller åtminstone att lyssna mer på Gud, som kommer att vägleda dig mot dem.

Viktiga punkter i denna rutin:

- Träna två gånger om dagen: en gång på morgonen och en gång på eftermiddagen, för att kalibrera om din energi.

- Var medveten om vad du äter. Förenkla dina måltider så att maten blir en gåva, inte en distraktion.

- Dela din process på sociala medier. Inte av ego, utan för att påverka. Din transformation inspirerar andra att bryta sina mönster. Ditt personliga varumärke är den mest värdefulla resurs du har: använd det.

- Lyssna på dig själv. Medvetenhet är filtret som förvandlar det vardagliga till något heligt.

- Ät inte frukost direkt. Du behöver inte äta direkt när du vaknar. Vänta till klockan 10:00 om du föredrar det, och prioritera hälsosamma fetter och proteiner eller renande livsmedel som första måltid.

- Stäng av dina enheter när du går och lägger dig eller sätt dem i flygplansläge.

- Stäng av wifi när du inte använder det.

- Stäng av Bluetooth på din telefon om du inte behöver det.

- Om du använder trådlösa hörlurar, ta pauser och låt dem vila.

- Tillbringa så mycket tid som möjligt i naturen.

- Gå mellan 5 000 och 10 000 steg om dagen. Det stärker inte bara din kropp, utan ordnar också dina tankar och ger dig perspektiv.

Denna rutin kan kännas obekväm. Kanske har du aldrig haft en sådan struktur i ditt liv. Men låt mig säga en sak: det är meningslöst att tala om sanningar om ditt liv är exakt detsamma när du stänger denna bok.

Ingen lär oss människor att leva. Vi kommer inte med en bruksanvisning för detta spel. Därför är vanor som är i linje med storhet det enda som verkligen förändrar spelet, både andligt och praktiskt.

Det du har fått i denna första del är bokstavligen de knep som gör att du kan spela i de stora ligorna. Och jag talar inte om de fysiska, utan om de som verkligen betyder något: de andliga.

Du vet redan att det är i avvikelsen som djävulen finns. Så varför fortsätta att hylla honom med oordning?

Den enda sanningen finns inte i denna rutin, utan i den perfekta synkroniseringen mellan ditt **varande, ditt görande och ditt haande**. Och denna rutin tränar dig att uppnå det.

Om du fortfarande känner motstånd, ställ dig själv denna sista fråga:

Om jag aldrig har varit disciplinerad och levt slumpmässigt, vad förlorar jag på att prova en livsstil som jag aldrig har provat förut?

Vanligtvis vill vi förändras, men vi fortsätter att upprepa samma sak. Och det spelar ingen roll om du redan är ekonomiskt framgångsrik men dina relationer är ett fiasko: du behöver rutinen. Det spelar heller ingen roll om du har kontroll över din fysik men lever utan Gud: du behöver rutinen. Om du tror att du är andlig för att du "förstår", men ditt bankkonto är tomt, är du den som mest akut behöver rutinen för att komma i linje.

Dessa handlingar kommer att göra dig utmärkt inom alla områden, för när du gör en sak, gör du absolut allt.

Nu har du de höga vanorna för att anpassa ditt väsen och stämma in dig med Gud. Men jag nämnde att det viktiga var **tankesättet**. Så, vilka är dessa vanor?

Det finns två tankesätt för att leva medvetet och leva sanningen varje dag: **konsekvens och klarhet**.

Konsekvens uppnår du genom att upprätthålla denna rutin varje dag, utan ursäkter. Det är ett åtagande gentemot dig själv, en så stor tillit som ingenting på jorden kan ge dig, eftersom det bara är upp till dig att genomföra det.

Klarhet uppstår när du gör det som är obekvämt. När du lämnar din komfortzon utvidgar du ditt fält av möjligheter, och från det utvidgade utrymmet börjar du se möjligheter, ta emot uppenbarelser och lyssna mer noggrant på Gud, på din samvets röst och på den Helige Ande.

Men... om du är mycket trött och din kropp ber om vila, ska du då behålla samma rutin?

Det är en vacker fråga, för den avslöjar två av de största begränsande övertygelserna som styr det mänskliga sinnet:

1. Att tro att vi är begränsade varelser med begränsad energi som blir trötta och behöver vila som en skyldighet.

2. Att tro att kroppen bestämmer, när den i själva verket bara följer sinnets order.

Du förstår: varje gång du känner trötthet, utmattning eller missmod är det inte en slump eller en isolerad händelse. Det är inte bara för att du tränade hårt igår eller sprang fler kilometer. I grund och botten är det alltid kopplat till ditt energitillstånd, som bestäms av dina tankar.

Att bli trött, utmattad, sjuk eller skadad är en följd av ackumulerade negativa tankar. Och att vilja „vila" genom att hoppa över just den rutin som höjer din vibration är i själva verket att fortsätta investera i den negativa tankeboll som du har skapat.

Det är därför som det är så få som lyckas hålla fast vid en rutin. De flesta kan stiga upp klockan 5 på morgonen, ja. Men så fort det uppstår ett obehag, en oväntad förändring eller en yttre händelse, tänker de genast att de måste överge just det som störde dem mest. Och sanningen är att det obehaget var den perfekta möjligheten att bekräfta den nya identitet de höll på att bygga upp. Det var ett prov, inte ett tecken på att ge upp.

Varför händer detta oss?

För att vi sedan barnsben har blivit betingade att associera disciplin med skyldighet, inte med utveckling. Vi har lärt oss att stiga upp tidigt för att inte missa skolan eller jobbet, inte av respekt för kroppen eller hängivenhet till själen, utan för att undvika straff. Det straffet, förklätt till "frånvaro", "varning" eller "avstängning", har skapat en övertygelse om att disciplin innebär förlust av frihet.

Och det är en av systemets mest destruktiva programmeringar.

För om du tror att disciplin fängslar dig, kommer du aldrig att kunna hålla dig på en hög nivå. Du kommer alltid att återvända till bekvämligheten. Du kommer alltid att välja det enkla alternativet. Du kommer att vara en slav som tror sig vara fri bara för att du kan bestämma vilken serie du ska titta på eller vad du ska beställa i matappen.

Och så fortsätter vi: söta och knubbiga, som pingvinerna i *Madagaskar*. Sympatiska, anpassade... men utan verklig suveränitet. Tämjda inuti, men rebelliska på utsidan.

Många som kallar sig „andliga" är i själva verket falska andliga: de samlar kunskap, men tillämpar mycket lite. De lever fulla av ursäkter för att rättfärdiga varför livet inte ger dem det de säger sig vilja ha, eller gläder sig åt att „inte behöva något", och naturligtvis... ger universum dem inget nytt.

Den rutin jag föreslår är en standard, inte en skyldighet. Jag föreslår att du håller fast vid den i minst 30 dagar. Även om du redan har en hög rutin eller om du har försökt tidigare, är det aldrig samma sak. Först när du kan upprätthålla en daglig rutin – och upprätthålla betyder att ligga över den, inte under – kan du forma den.

Ett vanligt misstag är att ifrågasätta innan man gör. Det berövar dig bara upplevelsen. Många tvivlar på att det kommer att fungera och försöker inte ens. Andra ifrågasätter det på tredje dagen och börjar ändra det. Det är djävulen som knackar på dörren och väntar på att du ska öppna.

Håll fast, inte så mycket vid rutinen i sig, utan vid åtagandet. Håll fast vid sanningen och du kommer att se hur ditt mentala system fungerar och hur du kan använda det för att skapa ett liv med dina högsta standarder.

> *"Om du aldrig testar dina egna gränser kommer du aldrig att kunna expandera bortom din nuvarande bas."*

Det kommer att vara obekvämt, ja. Men du kommer att lära känna delar av dig själv som låg i dvala. Du kommer att se din skugga dyka upp, och du kommer att ha styrkan att tända ljuset.

> *"Var försiktig med dina tankar, för de kommer att bli ord.*
>
> *Vakta dina ord, för de kommer att bli handlingar.*
>
> *Vakta dina handlingar, för de kommer att bli vanor.*
>
> *Vakta dina vanor, för de kommer att bli din karaktär.*
>
> *Och akta din karaktär, för den kommer att bli ditt öde."*

STOPP 5: HANDLING INSPIRERAR TRO

Allt du läser kommer att fastna i ditt undermedvetna på sätt som du inte ens märker. Men det finns något som kan påskynda den processen: handling.

Ditt liv kan förändras, men det kommer att förbli ordinärt om du inte ger det där lilla extra. Det extraordinära uppnås genom att lägga mer av dig själv. Och även om det låter motiverande är det inte bara en vacker fras: i ordet *attraktion* bildar sex av bokstäverna ordet *handling*. Din kropp är vibration, och den vibrationen fluktuerar beroende på hur du använder eller inte använder den. Vi är energikanaler!

Så om du vill ansluta dig till det obegränsade och upprätthålla tron i din vardag måste du röra på dig. Den rutin jag föreslog är utformad så att hela din dag är i rörelse och i tjänst. Ju mer du använder din kropp, desto mer tillgänglig är den. Ju mer action du lägger in, desto mer action kan du lägga in.

LÄR KÄNNA DEN ENDA SANNINGEN

Systemet har däremot skapat får som hellre följer det etablerade än tänker och skapar sin egen väg. Eftersom allt redan är „uppbyggt" är det lättare att acceptera det, även om det inte tjänar något syfte. Det är den livsstilen som håller 98 % av mänskligheten på drift, medan de återstående 2 % njuter av stora rikedomar, inklusive sinnesro.

När man inte rör sig, producerar man inget nytt. Tidigare delade jag med mig av det system som vi alla har; det jag inte hade berättat är hur man bryter de begränsande mönstren.

Jag ville vänta till denna punkt.

Disruptiv handling är nyckeln till att bryta ett beteende eller en tanke som saboterar ditt system och gör det destruktivt. Om handlingen lyfter oss till tro, måste den vara intensiv och i linje med principer om hög vibration. Därför är dessa verktyg så kraftfulla i spelet:

1. **Intensiv träning.** Att pressa sinne och kropp till gränsen med krävande övningar väcker tacksamhet, tro och kontakt med den oändliga källan.

2. **Tacksamhetssessioner.** Ju mer du är tacksam, desto mer utrymme har du för att vara tacksam. När du gör det i grupp kan vibrationen nå nivåer av villkorslös kärlek, en av de högsta frekvenserna av medvetenhet.

3. **Meditation med syfte.** Medveten visualisering med slutna ögon leder dig till djupa tillstånd av förbindelse med Gud.

4. **Djupa och närvarande andetag.** Att andas medvetet när som helst och var som helst för dig till nuet, och närvaro är den största gåva vi har.

5. **Kontakt med naturen.** Att gå barfota, se soluppgången eller solnedgången, besöka en flod eller havet... allt som förenar dig med jorden påminner dig om storheten i din existens.

6. **Engagemang för ordet.** Höga ord genererar en hög frekvens. Det du säger, får du.

7. **Högfrekvent musik.** Vi är ljud, och det vi hör påverkar direkt varje cell i kroppen.

Dessa element är direkta drivkrafter för en obestridlig koppling till Gud, för en naturlig upptäckt av sanningen som redan finns i ditt väsen och för högre och mer permanenta medvetandetillstånd.

Ingen sjuk kropp, ingen brist på pengar, inga problem i parförhållandet eller något annat som kan hindra någon som prioriterar höga handlingar i varje ögonblick av sitt liv.

I min bok *La única forma de conectar con tu Alma (Det enda sättet att komma i kontakt med din själ)* berättade jag hur jag botade hög feber på mindre än fyra timmar, utan mediciner, och andra smärtor som jag upplevt under de senaste åren, med hjälp av det mest kraftfulla botemedlet som finns: **medvetandet.**

Vi människor underskattar enormt storleken på vårt auriska fält eller elektromagnetiska fält. Och när vi gör det glömmer vi att vi är energiska varelser med en kropp i ständig vibration. Ibland vibrerar vi högt, ibland lågt, men om vi lär oss att använda världen till vår fördel, börjar de lägre tillstånden – skam, skuld, hat, hämnd, ilska, sorg – och deras konsekvenser – fattigdom, sjukdom, fördomar, rädslor – att försvinna en efter en.

Kanske har du redan bestämt dig för att ta av dig ögonbindeln, och varje ord ekar i dina celler som ljus som lyser upp utrymmen som tidigare kändes tomma. Eller kanske är du fortfarande motvillig till dessa idéer. Hur som helst, detta är inte din slutpunkt.

Vi följer spelets linjära struktur: från A till B, från B till C. När du väl har ordnat dina tankar och andliga grunder är du redo att uppleva mirakel, kvantsprång, spontana helande och, naturligtvis, den enda sanningen i varje ögonblick.

Det du har sett hittills, även om det innehåller universella lagar och avancerade andliga begrepp, är en logisk och enkel process. Och, intressant nog, brukar det skapa konflikt hos dem som anser sig vara "mer avancerade t andligt", eftersom de bär på syndromet *"jag vet redan"*.

I själva verket kan ingen manifestera det som hen ännu inte har integrerat fullt ut.

Kanske har du redan uppnått mycket: pengar, kropp, klarhet, till och med kontakt med Gud. Och det är värdefullt. Men om det finns något område i ditt liv där sanningen ännu inte kommer till uttryck – en trasig relation, en skuld, ett fysiskt symptom, en inkonsekvens – beror det på att det fortfarande finns något att minnas i det avseendet.

Och på denna nivå är att minnas inte att tänka: det är att förkroppsliga.

Så om du idag inte har 10 000 dollar på ditt konto är det för att det finns något i processen – internt eller externt – som ännu inte har integrerats helt.

Om dina magmuskler ännu inte är markerade beror det inte på genetik, utan på att något i din kost, ditt fokus eller ditt trossystem ännu inte stämmer överens med den verkligheten.

Om du ännu inte använder dina gåvor för att tjäna världen är det för att du – på något plan – ännu inte har tagit till dig dem fullt ut.

Att veta är att kunna leva det. Resten är kunskap som inte är förkroppsligad.

Och när sanningen förkroppsligas manifesteras den oundvikligen.

Det är syndromet "jag vet redan" som komplicerar saker och ting mest, eftersom det "fyller" dig på ett falskt sätt. Genom att tro att du redan vet, lämnar du inget utrymme för att ta emot mer information eller integrera ny kunskap. Med andra ord: du stänger dig.

För att kunna fortsätta och tillämpa behöver du därför acceptera att du inte vet. Det spelar ingen roll hur många begrepp du har eller hur mycket du har uppnått: om du läser dessa rader, tillåt dig själv att börja om från början. Tillåt dig själv att inte veta, om du verkligen vill att en djup förändring ska ske inom dig.

"Jag vet bara att jag inte vet någonting." Det är min livsfilosofi. Och det är det som har gjort det möjligt för mig att stå på jättarnas axlar, förbli ödmjuk, fortsätta lära mig, växa och känna mig lycklig. En person som tror att han redan vet stagnerar, och den som stagnerar fjärmar sig från lycka.

Denna bok är en möjlighet att öka din dos av ödmjukhet och placera dig där du kan växa mest: i elevens roll.

Mitt mål är att du, allteftersom vi går vidare, ska få allt mer förståelse, mer harmoni och enkla och användbara verktyg så att var och en av dina dagar blir en dag av sanning. Dagar där du ger ditt bästa, lever i fred, känner dig lycklig och uppnår absolut allt som ditt sinne kan tänka sig.

Så låt oss fortsätta framåt. Du har redan den kompletta rutinen för att anpassa dig inom alla områden; nu ska vi omkoppla hjärnan lite mer, skapa nya kopplingar och börja leka med det som inte syns... med det verkliga.

STOPP 6: HÖGA PRINCIPER FÖR MANIFESTATION

„**Kalla det som inte är, som om det vore, så skall du få det.**"
(Romarbrevet 4:17)

Denna bibliska fras innehåller grunden för alla manifestationens principer. Många människor talar om lagen om attraktion, lagen om antagande eller någon annan, utan att veta att alla i själva verket bygger på detta: **att kalla saker som om de redan var en del av din nutid.**

Att namnge och förklara vad du önskar som om du redan upplevde det gör att du drar det till dig. Det kan låta ogripbart tills det händer. På senare tid har jag börjat använda denna fras för att dra till mig situationer och saker i mitt liv, och det fungerar utmärkt.

Hur du än uttrycker det, är nyckeln alltid att bekräfta det i nutid. Det spelar ingen roll vilken etikett vi sätter på det: sanningen är att vi är skapare av den värld vi lever i, eftersom den yttre världen är en projektion av den inre. Och som du redan vet är den inre världen ditt trossystem.

Här kommer begrepp som **JAG ÄR** in, som delas av uråldriga kulturer och bekräftas i *En kurs i mirakel*, en kanaliserad bok som förmedlar Guds läror. Där står det: *"Gud är, och ingenting annat är."*

Vad betyder detta och hur relaterar det till JAG ÄR för att leva det liv du vill?

Det betyder att alla andra former av att be, söka eller "vilja få" bara tar dig längre bort från det du önskar. Vi tror att be är att be Gud om något, men i själva verket är det det mest löjliga och otacksamma vi kan göra i detta spel.

Att be Gud är att anta att han har något som han inte vill ge dig, eller att han inte kan ge dig det. Om det vore så, varför har han det då inte?

Det är därför så många misslyckas med manifestation: för att de ber eller tillämpar andliga lagar från fel plats. Att försöka påverka materien från materien ger aldrig extraordinära resultat. Först påverkar vi materien från det upphöjda sinnet, och sedan anpassar sig materien till det som vårt sinne kan se. Det handlar om principen att **tro för att se.**

Det är därför vi har fokuserat så mycket på att släppa begränsande beteende- och tankemönster och integrera nya: för det handlar inte om att be eller inte be, utan om **varifrån du gör det**.

Om du ber utifrån "jag har inte och jag behöver ha", så rör du dig bort från det du vill ha. Inga lagar verkar fungera, och Gud verkar inte lyssna på dig.

Men om du uttalar från **Jag Är**, om du kallar på "det som inte är" som om det redan var, då gör du det från närvaron. Och det är där allt börjar hända.

När Gud säger *"Jag är"* talar han inte om det förflutna eller framtiden. Han bekräftar att det inte finns något annat än Varandet. Det finns varken före eller eft, det finns varken där eller här. Det finns bara det som finns.

Det kan låta förvirrande i början, men detta är roten till vad många andliga strömningar förvränger. De kallar det "andligt" som i själva verket kommer från egot, eftersom det innebär att det finns något bortom Gud. Men det finns det inte.

Därför är föreningen mellan *"Jag är"* och handlingen att "kalla på saker som inte är som om de vore" så kraftfull. Det är inte en teknik, det är en handling av sanning. När du säger *"Jag är hälsa"* eller *"Jag är överflöd"*, ljuger du inte och låtsas inte: du erkänner att Gud är, och att ingenting annat är. Att allt annat är illusion.

> *"Det är den verkliga grunden för manifestation: inte att attrahera, inte att be, inte att vänta. Att vara."*

Stora vetenskapsmän och författare har under årtionden fördjupat sig i kraften i nuet, och alla kommer alltid till samma slutsats: **nuet är det enda som existerar.**

Om nuet är det enda som existerar, *varför då sträva efter att skapa en framtid som ännu inte existerar?*

Det är där det nuvarande jaget kommer in, det som vill vara. För det du föreställer dig existerar redan som verklighet. Annars skulle du inte ens kunna tänka det. Det du önskar önskar också dig. Det du tror att du kan uppnå är redan ett faktum.

Det som händer – och därför verkar manifestationen dröja – är att man inte kan manifestera något utan tro, det vill säga utan visshet och övertygelse om det man ännu inte ser men vet att man kan uppnå.

Ur egots perspektiv verkar det som om det manifesterade något eftersom det "tog en stund" innan det uppnåddes. Men i grund och botten hände ingenting utanför nuet: i ögonblicket av manifestationen är det som avslöjas bara ett nytt nu.

"Tro är alltså vissheten om det man hoppas på, övertygelsen om det man inte ser." *(Hebreerbrevet 11:1)*

Tänk på det så här: du började läsa den här boken för ett tag sedan, men i själva verket har du bara gått från nu till nu. Du kan inte fly därifrån, även om du vill. Visst kan du uppfatta det förflutna och föreställa dig framtiden, men allt det finns bara i ditt sinne. Även det du kommer att läsa på nästa sida finns inte ännu; det kommer bara att dyka upp som ett nytt nu. Det kan verka galet, onödigt eller svårt att förstå, men om du inte tränar ditt sinne att "se det du inte ser" kommer du aldrig att få något annat än det du redan har. För tro är att se det du inte har, och det som manifestationens guruer kallar manifestation kan sammanfattas med just detta.

Den eviga och allomfattande nuet är där Gud finns. Och det är från Gud som manifestation blir attraktion. Genom att ta för givet att allt redan är, är det enda du gör att kalla fram saker i nuet med hjälp av Jag Är.

Låt oss ta ett exempel: När du köpte den här boken kanske du tänkte något i stil med: *"Jag ska få veta sanningen"* eller *"Jag är nyfiken, jag ska läsa den och se vad den handlar om"*.

Denna inställning – även om den är genuin och värdefull – utgick från en förväntan: att hitta något utanför dig själv. Denna sökande tenderar att föra oss bort från vårt eget omdöme, för istället för att observera vad som är, börjar vi anta vad som borde vara. Och att leva utifrån antaganden för dig inte närmare Sanningen: det stänger in dig i andras tolkningar.

Om du istället hade använt Jag Är när du öppnade den här boken, skulle du ha sagt: *"Jag känner till Sanningen, för Jag Är Sanningen."* Denna uttalande är inte arrogans, det är harmonisering. Det är en vibrationell deklaration som placerar dig ovanför begäret och kopplar dig direkt till Källan. För när du bekräftar det i nuet, kallar du på det som ännu inte syns som om det redan fanns, och det är precis det som aktiverar den verkliga manifestationen: minnet av det eviga i nuet.

Tillämpa nu detta på vilken situation som helst i ditt liv. Och var uppmärksam: Djävulen kommer alltid att lägga fällor i de minsta detaljerna i detta spel. När du vill kalla något som inte är som om det vore, kan han viska till dig att "det är inte verkligt, så det har ingen kraft". Men fråga dig själv: vem försöker vinna makt genom att säga det till dig? Exakt: Djävulen själv.

Jag Är är frälsningen, för Jag Är är den absoluta enheten med dig, med andra och med Gud i varje ögonblick. När du får tillgång till den kopplingen till den gudomliga och oändliga källan styrs ditt liv av höga principer. Och då är manifestation inte längre ett problem, för du förstår att om Gud är och ingenting annat är, då har du alltid allt du behöver, för allt är redan.

Vi kommer att fortsätta så att du får en tydlig vägledning om vikten av detta. För mer än en kurs i manifestation är sanningen ett faktum. Om du till slut förstår något, måste det vara detta: du är en vandrande skapare. Allt du attraherar – oavsett om du gillar det eller inte – kom på grund av din frekvensnivå. Din energi attraherar eller repellerar det du behöver för din utvecklingsprocess. Problemet är inte bristen på makt, utan vår oskyldiga försummelse av denna så kraftfulla verklighet.

> *"Precis som du kan skapa vad du vill i ditt liv,*
> *kan du också förändra allt du vill. Ingenting är*
> *permanent, utom förändring."*

Men hur gör vi för att förändra en situation i vårt liv? Svaret är enkelt: om allt svarar mot vår frekvensnivå – skapad av våra dominerande tankar – måste vi förändra dessa tankar, gå över till den aktiva sidan och... höja vår medvetenhetsnivå.

Innan vi går in på detta immateriella område, ger jag dig en tydlig sammanfattning om attraktion och repulsion av det du önskar, så att du från och med nu inte behöver fortsätta söka sanningen utanför dig själv och kan börja leva som skapare av omständigheter, inte som offer för dem.

Exakta steg för att attrahera det du önskar till ditt liv och förändra vilken situation som helst:

1. **Definiera vad du vill ha.** Gör en lista på fem minuter med det du mest önskar dig och föreställ dig att det är omöjligt att misslyckas med att uppnå det.

2. **Utvärdera din lista.** Läs igenom den och betygsätt varje önskan från 1 till 10 beroende på hur mycket du verkligen tror att du kan uppnå det inom sex månader. 1 representerar *„jag tror inte att jag kan"* och 10 *„jag är övertygad om att jag kan"*.

3. **Filtrera dina prioriteringar.** Koncentrera dig bara på önskningarna som är 8, 9 eller 10. Avfärda de andra för tillfället; det är inte rätt tidpunkt ännu.

4. **Gör upp en plan.** Utforma en väg som, enligt ditt omdöme, för dig närmare dessa mål.

5. **Visualisera varje dag.** Gå igenom dina mål och se dig själv som om du redan hade uppnått dem och var tacksam för dem.

Ett tydligt tecken på att du befinner dig på rätt vibrationsnivå är att du verkligen känner att du lyckas. Du kommer att känna dig glad, tillfredsställd och uppfylld. Om du inte känner så betyder det att din övertygelse inte låg på skalan 8, 9 eller 10, och du måste ompröva dina mål.

Jag vet att många lär ut att man ska drömma stort, och jag anser att det är värdefullt: det ska man göra. Jag tränar själv ständigt mitt sinne att sträva mot mål som idag verkar otänkbara, men jag gör det som en övning i expansion. Om du bara drömmer om saker som du uppfattar som alltför avlägset, kommer du bara att driva dem längre bort. Denna övning hjälper dig att erkänna dina nuvarande gränser, men den driver dig också att expandera lite i taget, vilket ökar ditt förtroende för denna kraftfulla resurs och denna grundläggande sanning.

När jag upptäckte dokumentären *El Secreto* (Hemligheten) och dess lära om lagen om attraktion, insåg jag att det ibland fungerade och ibland inte. Det var frustrerande att känna att jag inte tillhörde den grupp människor som lyckades attrahera det de önskade. Efter flera år av att ha tillämpat denna teknik kan jag försäkra dig om att den fungerar 100 % av gångerna. Skillnaden ligger i medvetenhetsnivån: från ett lågt tillstånd förblir vårt sinne dualistiskt och klamrar sig fast vid köttet, formen och de linjära processerna A, B och C, vilket får oss att tro att möjligheten till manifestation eller attraktion inte fungerar, och där det finns tvivel finns det rädsla, och där det finns rädsla finns det ingen tro. Och utan tro... finns det ingen manifestation.

Jag uppmanar dig nu att träna en del av ditt sinne med samma engagemang som någon lägger på sin favoritsport när hen vill bli riktigt bra. Det handlar inte om att prova, det handlar om att bestämma sig. Detta är en process av utbildning, transformation och expansion som kommer att bli allt mer kvantitativ. Och även om det verkar så, är det varken magi eller slump: det fungerar när du får det att fungera. Ju mer du övar, desto mer kommer du att märka att det alltid fungerar. Men om du ger upp halvvägs, kan du inte förvänta dig fullständiga förändringar.

För att du inte ska råka ut för samma sak som jag när jag upptäckte detta, vill jag lära dig något kraftfullt och subtilt, men väsentligt: principen som ligger till grund för hela denna process att vara och att attrahera exakt det du önskar till ditt liv. Och kom ihåg, jag lär dig inte detta för att detta är en "manifestationsbok", utan för **att sanningen om existensen är energi, frekvens och vibration**, och att lära sig dessa principer är något som vi alla borde ha lärt oss från barnsben. 1 % använder dem och har varit medvetna om dem i generationer, och nu är det dags för dig att ta denna information med den respekt den förtjänar. Vi lärde oss många saker, men inte att tänka och urskilja sanningen. Och sanningen, kära läsare, är andlig. Så om du inte börjar bekanta dig med det du inte ser, kommer du alltid att ligga ett steg efter dem som rör sig i den exponentiella världen.

STOPP 7: HÖJA MEDVETANDENIVÅEN

Du kan inte förvänta dig att en enda mening ska förändra ditt liv för alltid. För att våra spelregler ska vara solida, tydliga och höga måste vi engagera oss i **att höja vår medvetenhetsnivå** och därmed vår frekvens.

Du förstår, allt i det materiella universum är energi, och energi vibrerar. Människor är direkta kanaler för denna energi, därför är din kropp så viktig. I detta skede kommer du att lära dig att använda den maximalt som kanal för det gudomliga och som en outtömlig källa till energi. Begreppet "trötthet" kommer att utrotas ur ditt sinne, eftersom det, som du redan har förstått några sidor tidigare, inte är verkligt. Men hur kan jag vara så säker på detta?

Under årtionden studerade doktor David R. Hawkins nivåerna av mänskligt medvetande och skapade **Medvetandekartan**, en precis guide för att identifiera var du befinner dig och vart du kan gå.

Kartan ser ut så här:

Nivå	Kalibrering	Känsla	Livssyn
Upplysning	700-1000	Outsägbar	Det
Fred	600	Lycka	Perfekt
Glädje	540	Serenidad	Fullständig
Kärlek	500	Vördnad	Välvillig
Förnuft	400	Förståelse	Betydande
Acceptans	350	Förlåtelse	Harmonisk
Entusiasm	310	Optimism	Hoppfull
Neutralitet	250	Förtroende	Tillfredsställande
Mod	200	Bekräftelse	Samtycke
Stolthet	175	Förakt	Kärande
Ilska	150	Hat	Antagonist
Begär	125	Längtan	Besvikelse
Rädsla	100	Ångest	Skrämmande
Sorg	75	Ånger	Tragisk
Apati	50	Förtvivlan	Hopplös
Skuld	30	Skuld	Ond
Skam	20	Förnedring	Eländig

Som ni kan se motsvarar nivåer under 200 de lägsta vibrationstillstånden, och tenderar att förstöra livet. Faktum är att under 20 är en person mycket nära döden.

Däremot börjar människan från 200 och uppåt uppleva en mer positiv och expansiv syn på livet. Från dessa tillstånd blir kroppen och sinnet alltmer harmoniserade och får en mer harmonisk syn på Gud och existensen.

Något som är viktigt att förstå är att **vår frekvens fluktuerar konstant**. Ingen dag kommer att vara lik den föregående, och vi kan inte kontrollera att allt ska vara identiskt i morgon. Den sanna mänskliga kraften ligger i det **medvetna valet av våra resurser** – som de du redan sett tidigare – och framför allt i att utöva den stora kraft som vi nästan aldrig använder: **att välja**.

Ingen som är vid sina sinnes fulla bruk skulle medvetet välja att leva i lidande, rädsla, skuld eller skam. Så varför befinner vi oss så ofta i dessa tillstånd?

Svaret är enkelt: för att vi ofta inte har tillräcklig medvetenhet för att skilja mellan egots röst ("djävulen") och sanningens röst (Gud). En person som inte skiljer mellan höga tankar och negativa tankar slutar leva det liv som "tillfaller" honom, och det är oftast allt annat än det han verkligen ville ha. Genom att nöja sig med det som finns slutar hen att be, och eftersom hen inte ber och inte har tro får hen inte.

Vi hamnar ofta i tillstånd med låg frekvens eftersom vi inte tar livet på det allvar det förtjänar. Vi tar det väsentliga för givet: att vara vid liv, andas, ha en kropp, tänka, tala. Genom att ta det för givet glömmer vi bort livet självt.

Har du märkt att de som oftast är mest förbundna med det gudomliga är de som lever omgivna av naturen – i berg, skogar, floder eller på stränder? Varför är det så? För att deras omgivning är genomsyrad av renhet, storhet och liv, och den normaliteten förvandlas till inre frid. Det betyder inte att du måste flytta omedelbart till en naturlig miljö, utan att du måste förstå att **det du normaliserar i ditt yttre liv förändrar hela din inre värld**.

> *"Om du normaliserar smärta och lidande, kommer du att få det. Om du normaliserar sjukdom, kommer du att få det. Om du normaliserar rikedom och fred, kommer du att få det."*

Du drar alltid till dig det som vibrerar med dig. Även obekväma situationer eller människor som du inte tål, men som dyker upp varje dag, finns där för att de resonerar med ditt fält. Allt skapas av dig och för dig. Och när du börjar reflektera över detta börjar slöjan falla av sig själv. Du behöver inte riva bort den; ljuset upplöser mörkret, bit för bit.

Medvetenhetskartan är ett praktiskt verktyg för att fastställa en utgångspunkt i din vardag. Bekanta dig med den och använd den för att normalisera höga tillstånd av , och kom alltid ihåg att skuld, apati eller rädsla aldrig är bördig mark. Vad du än gör, gör det med en kärleksfull och hög intention.

På alla nivåer under 200 är förlåtelse en av de mest kraftfulla drivkrafterna för att höja sig. Allt som stör dig, som du skäms för, som ger dig skuldkänslor eller någon annan börda du upplever, kan lösas upp i ett enda ögonblick av förståelse och förlåtelse.

I motsats till vad vi har lärt oss genom många religioner är sann förlåtelse inte det som "raderar synder", utan det som upplöser tron att den konflikt du upplevde var verklig. Om vi förstår "synd" som den konflikt som skapade skuld och behovet av att be om ursäkt, då är det vi verkligen behöver inte att bära på den, utan att transcendera den. I min bok *Conoce el único principio (Lär känna det enda principen)* fördjupar jag mig mer i detta ämne, för om vi gör något mindre upphöjt och, istället för att acceptera det och lära oss, faller i skuld, växer vi inte bara inte, utan vi sänker vår vibration till marken.

Om du tittar noga på kartan kommer du att märka att även ilska spelar en viktig roll, eftersom den vibrerar högre än tillstånd som rädsla eller apati. Därför bör inget av dessa medvetandetillstånd betecknas som "bra" eller "dåligt". Det är en karta, och en karta är inte moralisk: den är helt enkelt en guide som hjälper oss att få perspektiv och göra val. Du kan välja vilket tillstånd du vill vibrera i.

Och även om du ofta befinner dig på låga frekvenser, vet du nu att det finns fler möjligheter. Och bara den påminnelsen är revolutionerande.

När ditt engagemang växer, växer också ditt medvetande. Det kommer att få din frekvens och vibration att stiga på kartan, vilket för dig närmare Gud och samtidigt dina drömmar.

Kom ihåg: det du vill ha vill också ha dig. Men för att acceptera denna idé är det nödvändigt att gå in i tillstånd av enhet och inte av separation. För att förstå att det du önskar också önskar dig måste du först lära dig att älska dig själv, behandla andra med kärlek och sätta Gud i ekvationen för ditt liv.

STOPP 8: ATT FÅ DET ENDA NÖDVÄNDIGA SYFTET

För att vi ska kunna gå framåt med absolut säkerhet måste vi gå framåt med Gud. Det finns inget annat. Jag kommer att vara tydlig med detta eftersom jag vill att du ska sluta avvika med budskap som bara har förvirrat dig.

Vi vet inte exakt vad det är som håller oss vid liv, men vi vet med säkerhet att vi inte kontrollerar vare sig vårt liv eller vår död. Att vara vid liv är varken en slump eller en orsakssamband: det är synkront, perfekt och oförklarligt.

Idag går du och lägger dig och imorgon vaknar du utan att minnas exakt när du somnade. Men en dag kommer det inte att hända. Och det är okej. Det som verkligen betyder något är detta faktum: **du lever idag**.

Vi människor faller hela tiden i fällan att tro att „jag gör det senare" är verkligt, att „senare" existerar, att framtiden är garanterad. Och det är detta jag vill undvika, inte för att det är „farligt", utan för att just det sättet att tänka är det som berövar dig möjligheten att leva nu. Många är rädda för döden, men inser inte att de inte lever i nuet just på grund av den rädslan. Och det borde vara den korrekta definitionen av "död": att leva i en tid som inte existerar just nu.

Om du lyckas gå utan tvivel kommer du att nå det som vi alla innerst inne vill: att leva. Och att leva handlar inte om var du befinner dig, om människorna omkring dig, om vad du gör eller vad du har. Att leva är ett inre tillstånd. Antingen känner du dig levande eller så känner du dig inte levande. Ett oroligt sinne kan inte känna sig levande. Ett sinne fyllt av rädsla kan inte känna sig levande. För att överflödas av höga tillstånd – för att bebo höga nivåer av medvetenhet – måste ditt syfte vara tydligt, precist och i linje med ett högre syfte: i linje med Gud. Och vad vill Gud? Samma sak som du!

Många människor väntar på motgångar eller katastrofer för att vända sig till Gud och få kontakt med det oförklarliga. Men du behöver inte vänta på att en konflikt ska uppstå. Det är mycket kraftfullare att välja sanningen när allt går bra än när det inte gör det.

LÄR KÄNNA DEN ENDA SANNINGEN

"Jesus sade till honom: Eftersom du har sett mig, Tomas, har du trott; saliga är de som inte har sett och ändå trott." *(Johannes 20:29)*

Det obegränsade finns i nuet, i det utrymme som skapar allt och som paradoxalt nog verkar tomt.

Genom sin närvaro är Gud ett med dig och med alla varelser som bor på jorden. För att närma dig denna förening måste du hänge dig åt ditt syfte utan förbehåll och rensa bort alla distraktioner eller tvivel som kan stå i vägen. Det märkliga är att väldigt få är villiga att göra det. Varför? För att det är lättare att låta sig förledas av bekvämligheten. Men att leva med ett syfte är inte att leva bedövad, drogad, med laster eller genom att fly från verkligheten. Det är inte att leva: det är att överleva, vilket är detsamma som att säga att du har överlämnat ditt liv till djävulen, eftersom du valde konformism istället för ansvaret att gå in på livets positiva sida och förverkliga dina önskningar.

Det verkar vara ett enkelt ordspel, men i själva verket är det den enda sanningen om livet. Du letar efter "den femte benet på katten" för att lugna ett ego som tror att "det måste finnas något mer". Och nej, det måste inte finnas något mer än det som redan finns. För det är det enda som finns och det enda som kommer att finnas.

Kom ihåg: **Gud är, och inget annat är.** Detsamma gäller ditt liv: **ditt liv är, och inget annat är.**

Frågan är: vilket liv väljer du för dig själv?

Förstå detta: allt du vill ha som skiljer sig från det du redan har kommer att leda dig direkt till lidande, eftersom det skiljer dig från Gud. Att däremot erkänna och vara tacksam för allt du redan har för dig närmare Gud, eftersom det anpassar dig till tacksamhetens frekvens, som säger: **"allt har redan givits mig"**.

Du har en så hög grad av fri vilja att du kan välja vilket liv du ska leva: ett liv i lidande eller ett liv i ständig tacksamhet. Och även om det låter drastiskt, är det inte det minsta. I ett flygplan kan det förekomma turbulens, men det betyder inte att du måste förlora din sinnesro... om du inte fortsätter att tro att du bara är din kropp.

Det naturliga motståndet mot denna typ av påståenden är oftast kopplat till egots impuls att ständigt påminna oss om att vi är det. Eftersom det är nära kopplat till kroppen och allt det tror sig äga, aktiverar allt som undgår dess kontroll alla larm i dess system. Egot vill inte dö, eller så söker det döden som befrielse. Dess största problem, som du kommer att märka, är att det tror att det finns problem. Det tror att det är smärtsamt att leva och att det också skulle vara smärtsamt att inte leva. Istället för att leka med dualiteten tror det att det är dualiteten.

Televisionen och sociala medier är idag de viktigaste kanalerna för mental programmering. De kommer kanske aldrig att sluta sprida rädsla, splittring och beroende. Men du kan välja: att inte konsumera det innehållet, att sluta följa konton som dränerar din energi, att tysta algoritmer som hypnotiserar dig eller till och med att radera appar som håller dig fången.

TV:n kan stängas av. Mobilen också.

Netflix kommer kanske aldrig att sluta erbjuda skräckfilmer, men du kan välja att inte betala för Netflix eller helt enkelt inte titta på dem.

Vacciner kanske fortsätter att användas som manipulationsverktyg, men du kan välja att inte vaccinera dig, eller göra det med medvetenhet och kärlek.

De som styr kanske fortsätter att sträva efter sina egna fördelar och inte befolkningens, men du kan börja sträva efter dina egna och det gemensamma bästa för dem omkring dig.

Livet kanske inte är "rättvist", men du kan leva i fred.

Döden kanske är oundviklig, men just nu lever du.

Om något rymmer sanningen, så är det förståelse. Att förstå att den enda vägen till kärlek är att integrera det spel vi befinner oss i. Att frukta vad som kommer att hända är inte att vara levande, det är att känna sig avskild från livet. Och det är den avskildheten som, lite i taget, fjärmar dig från Gud, från dina drömmar och från det liv du verkligen förtjänar.

> *"Ingenting i livet har förmågan att skada dig, för du är inte något som kan skadas. Kom ihåg: du har en kropp, men du är inte den kroppen."*

STOPP 9: LEVA I ABSOLUT ALIGNMENT

Många tror att det är fel att skaffa sig materiella ting, när det enda som egentligen är "fel" är det omdöme som stämplar något som bra eller dåligt. Andras liv är en del av din omedvetna projektion. Det du ser i andra speglar något du behöver för din egen väg: för att lära dig, integrera eller upptäcka något som du tidigare inte kunde se . Ja, det kan vara svårt att inse. Men jag säger dig rakt ut att det inte finns någon "annan" som du betecknar som partner, vän, mor, far osv. Allt i detta liv samverkar till din fördel, även om den fördelen är förklädd till den största och viktigaste lärdomen i ditt liv.

Med den enda sanningen kommer jag aldrig att säga att du inte äger något. Det jag alltid kommer att påminna dig om är att allt du "äger" i själva verket inte är ditt: du förvaltar det bara. Det är sant att du kan köpa saker, ha en partner, vänner, familj eller husdjur. Och det är lika sant att du på ett djupare plan inte har något av detta.

Ju mer han utvecklas inombords och i sin relation till Gud, desto mer förstår han att världens ting är verktyg: de hjälper honom att balansera avskildhet med anknytning. Sakta men säkert förlorar de den betydelse de hade i början, men han tillåter sig ändå att använda och njuta av dem, helt enkelt för att han lever.

Det finns de som väljer att inte köpa någonting och helt avstår från kapitalismen, som många yogier. Ändå, om de fortsätter att leva, konsumerar de vatten eller mat, även om de gör det med full medvetenhet. Mat, hur högt prisad den än må vara, hör till den pragmatiska skalan.

Den har inget medvetande, därför har den inte någon hög värde i sig. Dess roll är inte att leda dig till upplysning, utan att inte störa den.

Att äta med närvaro och medvetenhet höjer din energi mer än någon ingrediens i sig. En matvara kan vara ren, men om den äts av beroende, rädsla eller oordning sänks dess frekvens.

Dess syfte är ett annat: att upprätthålla din kropp, undvika distraktioner och stödja ditt syfte, inte ersätta det.

Oavsett vilken väg du väljer, kom alltid ihåg att göra det utifrån integration och inte separation. Hur nära Gud du än är, hur medveten du än är, om ditt syfte är att ge och dela, bör det inte skapa någon konflikt för dig att använda världens ting.

Enligt min personliga erfarenhet valde jag varken isoleringens eller extrem minimalismens väg, men inte heller ackumuleringens. Som du kanske redan vet delar jag mitt liv på sociala medier: de saker jag släpper taget om och de jag väljer, de platser jag bor på och de lärdomar jag integrerar längs vägen.

Det här delandet är inte slumpmässigt: det är en del av mitt syfte. Genom det här innehållet inspirerar jag andra människor att ifrågasätta, att vakna upp, att agera med större medvetenhet.

Ja, jag tjänar också pengar på det. Tusentals dollar som kommer som en direkt följd av att leva i överensstämmelse, att skriva böcker som väcker, att bilda gemenskaper och skapa produkter som är i linje med det jag lär ut.

I början var det svårt för mig att integrera detta. Att acceptera att jag skulle bli en erkänd författare och miljonär, och att en del av mitt syfte skulle vara att visa allt – det materiella, det andliga, det enkla och det lyxiga – var utmanande. I världen finns det mycket avvisande mot dem som lyckas leva av det de älskar, eftersom många tror att de själva inte kan göra det. Det är lätt att säga, men när man lever det förstår man att det också är en tjänst att visa det: för det visar att det är möjligt.

För ett tag sedan besökte jag ett buddhistiskt tempel i Uruguay där jag förstod något som gjorde ett djupt intryck på mig:

> *"En sann mästare är den som uppnår upplysning, men kommer ner till världen för att upplysa andra."*

Vad är det för nytta med så mycket insikt eller ett högtstående sätt att leva om det inte tjänar någon annan? Man säger att vi finner lycka genom att hjälpa andra att finna den, och med tiden blir jag alltmer övertygad om att detta är sant.

Visst kan sanningen vara obekväm, och att välja att upplysa kan göra att flera "små kryp" attackerar dig – de dras ju alltid till den tända lampan. Men trots det är sanningsvägen den som varje människa förtjänar att leva. **Du förtjänar att leva med Gud.**

Men hur kan vi leva i absolut harmoni, upprätthålla vår sanning och känna oss nära Gud?

1. **Genom att vara tydlig med vad du vill.** Definiera exakt vad det är du vill och lev varje dag i enlighet med den sanningen.

2. **Genom att vara ärlig.** När vi avvisar andra eller distanserar oss från det som skapar konflikt för oss, fördröjer vi bara vår utvecklingsprocess.

3. **Genom att upplysa andra på vägen.** Gå framåt andligt med stormsteg, men glöm inte att vända tillbaka och dela med dig.

Jag vill stanna lite vid den sista punkten innan vi går vidare till att upptäcka matrisen.

Varje gång du samlar på dig för mycket materiella ting – föremål, mat, relationer – riskerar du att koppla bort dig från det andliga. Därför är den investering du gör i ditt Jag avgörande: den gör att du alltid kan stå över det materiella.

Vad innebär det att investera i ditt inre?

Att investera i ditt innersta är att ägna resurser – tid, energi, pengar och uppmärksamhet – åt det som expanderar dig inombords. Det är att välja tystnad istället för buller. Det är att betala för mentorskap istället för att köpa något du inte behöver. Det är att sluta distraheras av skärmar för att istället titta inåt eller sätta dig ner och studera en bra bok. Det är att så i det eviga och inte bara i det omedelbara.

Att investera i varat ser inte alltid ut som en omedelbar avkastning, men det förvandlar från grunden allt du är och därmed allt du har.

Intressant nog är det ofta när du känner att du har stigit för högt som det är mest användbart att förvärva något materiellt: **att ha genom att göra.**

Detta avslöjar något som många förbiser: formeln fungerar bara i sann harmoni, när varje komponent används medvetet.

Ja, i början verkar det som om det enda vi behöver ta hand om är varande. Men varande växer, förändras, expanderar. Det som idag är höga handlingar kanske inte är det imorgon. Det du önskar ha idag kan imorgon förvandlas till en annan längtan. Och det är okej. Nyckeln ligger i att anpassa oss utan att förlora den solida grunden: ett varande som kan hantera alla motgångar eller framgångar som kommer.

> **"Verklig framgång uppstår när vi är kapabla att följa med livets förändringar från ett tillstånd av inre frid och harmoni."**

Att lära känna den enda sanningen var för mig ett medvetandeuppvaknande, en rörelse som jag känner revolutionerar hela världen. Många säger att den enda sanningen är Gud, eller att den enda boken som innehåller den är Bibeln. Men det finns mycket mer som vi kan fördjupa oss i. För oavsett vad man tror, oavsett vad man läser, finns det en säkerhet bakom allt: **den enda sanningen är densamma för alla**, även om varje individ uppfattar den på olika sätt, filtrerad av Källan som skapade oss.

I nästa kapitel kommer vi att överskrida gränser och barriärer. Vi kommer att söka svar på de frågor som vi alla har ställt oss någon gång och som hittills bara har skapat osäkerhet. Som jag sa i början handlar det inte om att samla mer information eller lära sig något "nytt". Att tro att vi behöver något gör oss bristfälliga. Inbjudan är att observera, att internalisera det du läser från en stärkt position, som gör det möjligt för dig att gå bortom dina nuvarande gränser. För från varje verklig insikt blir ditt liv rikare, mer överflödigt och fullständigt.

Vid denna punkt kommer alla som har internaliserat och tillämpat det som delades i det första kapitlet att kunna förstå tydligare hur denna värld är uppbyggd, vilka nätverk som rör sig bakom kulisserna och finn a djupa svar på frågor som har pulserat inom dem i åratal. Kapitel två i Sanningen är bara en påminnelse. Vi kommer att koppla ihop punkter, koppla ihop idéer och du kommer att upptäcka att du alltid har känt vägen, att den enda Sanningen alltid har funnits där. Det kommer att ge dig frid, glädje och fullkomlighet, helt enkelt genom förståelsen av denna existens.

Detta kapitel är djupt, men det kommer att ge dig tillbaka det viktigaste: **din kraft.**

"Systemet", "matrisen", har skickat budskap om separation, rädsla och konflikt. Det har lett till att en stor del av mänskligheten har glömt den största gåvan som Gud har gett oss i denna värld: **ansvar.**

> *"Tänk aldrig mer att du är betingad. Kom ihåg: du är programmerad. Om du är programmerad kan du avprogrammeras. Ansvaret är alltid ditt, och det är den gåva som Gud har gett dig."*

Nu när du inte längre vandrar omkring planlöst är du redo att se. Inte med världens ögon, utan med själens.

KAPITEL 2

UPPTÄCKA MATRIX

Detta kapitel är en **helig nedstigning**. Men inte mot mörkret, utan mot roten till de programmeringar som har hindrat mänskligheten från att minnas vem den egentligen är.

Vi kommer att dela upp det i två faser. Inte för att de är separata, utan för att de manifesteras på olika plan av samma bedrägeri.

Fas 1: Systemets programmering och rädslan

I denna första del ska vi titta på hur den synliga matrisen är uppbyggd: regeringar, media, inducerade sjukdomar, emotionell kontroll, krig och massiva distraktioner. Inte utifrån paranoia, utan utifrån medvetenhet.

Här kommer du att förstå hur rädsla sådd som en strategi för att bryta din koppling till kroppen, energin, hälsan och den naturliga helande kraften som du fått av gudomlig rätt. Men ännu viktigare är att du kommer att förstå följande:

> *"Både tro och rädsla kräver att vi tror på något vi inte ser."*

Fas 2: Sanningar begravda under jorden... och under århundraden

I den andra delen går vi djupare. Vi går ner till själva grunden för denna verklighet:

- Vad hände med jättarna?
- Varför berättade de inte för oss om tidigare civilisationer?
- Vem har genetiskt konstruerat oss?

- Varför döljs eller förlöjligas så många bevis?

Jag varnar er: denna fas är inte bekväm och den är inte heller tänkt att vara rationell. Men den som vågar gå igenom den med ett öppet hjärta får tillgång till ett minne som är äldre än någon officiell historia: minnet av sitt sanna ursprung... och med det, minnet av sin **storhet**.

DEL 1: DET ÄR DAGS ATT VAKNA

När grunden för ditt varande är lagd, kommer vi att gå vidare till att förstå Matrix ur ett mer dolt perspektiv. Jag kommer att visa dig mycket av det som finns bakom denna värld så att du börjar förstå att det finns saker du inte visste... och som du aldrig kommer att veta helt. Detta kommer inte bara att vidga ditt sinne, utan också öppna upp nya möjligheter i din egen existens.

När du tror att det är mörkt är du den enda som kan tända lampan och ge ljus. Matrix är inte något du kommer att fly från, men det är något du kan utnyttja för att din själ ska fortsätta utvecklas medan du spelar på den aktiva sidan av oändligheten, som du redan har lärt dig att göra.

> *"För att se hela sanningen måste man ibland gå in i den cell där man själv har låst in sig. Inte för att stanna där, utan för att tydligt se de kedjor som binder dig till smärta, rädsla eller lögn. Detta avsnitt är inte avsett att skrämma dig, utan att hjälpa dig att se det som håller dig fången rakt i ögonen... och påminna dig om att nyckeln alltid har varit i din ägo."*

KONTROLLEN ÖVER MÄNSKLIGHETEN

Idag är televisionen fortfarande den viktigaste kanalen för nyhetsförmedling och dramatik. Men detta "informationsvirus" har också spridit sig till sociala medier. Var du än befinner dig, vad du än gör, kommer du oundvikligen att stöta på någon tragisk nyhet som får dig att känna kollektiv rädsla.

Men oavsett vad som händer där ute finns det något du aldrig får glömma: **det är du som skapar allt hela tiden.** Alla nyheter som får dig att vibrera på en lägre frekvens dyker inte upp av en slump: de dyker upp för att du redan befann dig på den frekvensen. Om du ställde in dig på den är det för att du redan bar den inom dig.

I det stora hela måste du komma ihåg följande: **du är en energisk antenn som är ansluten till kvantfältet.**

LÄR KÄNNA DEN ENDA SANNINGEN

> *"Om alla förstod att deras kroppar är antenner som kan ställa in sig direkt på den oändliga källan, skulle det aldrig mer finnas rädsla, sjukdomar eller olycka i människors hjärtan."*

När jag talar om "virus" menar jag det mest kraftfulla vapen som eliten använder för att manipulera mänskligheten: **rädsla**. Genom rädsla, osäkerhet och upprepning planterar de fraser som "världen är i kaos", "vi kommer alla att dö", "ett nytt krig är på väg" i det kollektiva medvetandet. Och det är inte bara när det inträffar stora händelser. Även under "lugna" perioder fortsätter programmeringen: stölder, mord, sjukdomar, inflation, olyckor. Rädslan vilar aldrig.

Och kontrollspelet slutar inte där. Under de senaste åren har vi sett hur man med ett enda klick kan lämna miljontals människor utan något. Tycker du att det är en slump att man i mars 2025 uppmanade Europa att förbereda överlevnadskit ( ) med mat, vatten, ficklampor och radioapparater, och att bara några veckor senare lämnade en massiv strömavbrott miljontals människor i Spanien och Portugal utan elektricitet i mer än 10 timmar? Detta är inte paranoia. Det är strategisk planering för att mäta människors reaktion på en inducerad kollaps.

Och det är inte första gången.

Minns du utbrottet av svininfluensan 2009? SARS 2003? Ebola? AIDS på 80-talet? Alltid samma mönster: **massiv rädsla + mediekampanj + påtvingad lösning** (vacciner, mediciner, restriktioner). Och bakom allt detta ligger samma dolda budskap: *"Du har ingen makt över din kropp eller ditt liv; du behöver oss för att rädda dig"*.

Sanningen påminner dig om precis motsatsen: **du har makt!** Du har alltid haft det, eftersom du är en del av Källan. Du kan återta denna makt genom att ta ansvar för dina tankar.

Du har aldrig varit i verklig fara. Det enda som har gjort din kropp sjuk om och om igen är tron att du kunde bli sjuk. Det enda som har dragit till sig dessa dramatiska situationer är din frekvens. Inget annat.

Det handlar inte om skuld. Ingen är skyldig till någonting.

Du och jag är inte ansvariga för vad nyhetsprogrammen sänder. Men vi är 100 % ansvariga för vad vi väljer att konsumera, tro på och acceptera.

Varför tror du att det enda de visar är dödsfall, katastrofer, krig, rån och pandemier? För att det är det som folk konsumerar mest ivrigt. **Rädsla skapar beroende.** Känslan av att vara „informerad" skapar en illusion av kontroll. Men det enda du kontrollerar är din frekvens... och därmed ditt liv.

Om detta fortfarande känns konstigt, prova följande övning: sök på YouTube, TikTok eller Instagram efter följande: *dagens alarmerande nyheter*. Titta på minst 5 minuter av den informationen. När du är klar, skriv med dina egna ord hur du kände dig.

Skriv sedan in följande i sökmotorn: *roliga djur* och konsumera dessa videor i 5 minuter. När du är klar, skriv igen hur du känner dig nu.

Vissa kanske hoppar över denna övning eftersom de tror att slutsatsen är alltför uppenbar. Och paradoxalt nog är det just de som behöver den mest.

Sanningen är att vi påverkas starkt av allt som omger oss. Om du inte är fullt medveten om att det du ser och hör direkt påverkar ditt energifält, kommer du att fortsätta att sova, distraheras och fjärma dig från den enda sanningen.

I dagens globaliserade värld räcker det med ett samtal, en tweet, ett klick... och miljontals människor drabbas av panik samtidigt. Varför händer det? Vi har redan sagt det: för att kontrollera. Men varför fungerar det? För att du ännu inte har tagit till dig din sanna inre kraft.

Var inte orolig. Detta är varken ett klagomål eller ett utbrott, det är ett faktum. Du har rätt att ifrågasätta allt, även detta. Men betrakta det som en nyckel som öppnar dörren till sanningen. Du har inte sett någonting ännu. Vi har knappt börjat. Spänn fast säkerhetsbältet, för de kommande sidorna kan utlösa en jordbävning i ditt medvetande.

Som ett populärt uttryck säger: **"Den som kontrollerar medierna kontrollerar sinnena."** Men jag ska säga något ännu starkare: "Den som behärskar sitt sinne kan inte kontrolleras av någon."

> *"Det enda som gör en person sjuk är hans tro på att han kan bli sjuk."*

Ta inte heller detta uttryck som en absolut sanning. Betrakta det. Ifrågasätt det. Fråga dig själv: **Tänk om du aldrig varit sjuk, utan bara kopplat bort dig från din sanning?**

Om du dag och natt hörde att tusentals människor dör, skulle du inte känna rädsla? Det skulle jag också göra. Men den rädslan skyddar inte, den förgiftar. För rädsla är den tystaste och dödligaste sjukdomen som finns.

Därför upprepar jag: **det verkliga viruset är rädslan. Och det verkliga botemedlet... är du.**

SÅ HÄR TÄNAR „DE" PENGAR

Det var 2019 och jag bodde hemma hos mina föräldrar. Jag hade precis sagt upp mitt jobb där jag arbetade från 9 till 6 för att ägna mig åt att „starta ett företag på internet". Mitt företagande bestod då i att analysera finansmarknaderna och spekulera i köp och försäljning av valutor för att tjäna pengar på transaktionerna, vilket på vanligtvis kallas "trading". Även om det inte gick så bra för mig var jag mycket uppmärksam på världsnyheterna, eftersom de är de som mest påverkar en marknad som inte är något annat än ren kollektiv emotionalitet.

Att konsumera nyheter och hålla mig uppdaterad om vad som hände i finansvärlden var en del av min dagliga rutin.

Under flera år såg jag med egna ögon hur manipulativ ekonomin är inifrån. Hur priserna på dollarn och andra valutor gång på gång manipuleras med falska eller fördröjda nyheter för att ackumulera mer pengar och låta stora företag bli allt rikare.

På den tiden sades det ständigt att marknaderna inte kunde hålla sig på sin högsta nivå, att allt som går upp måste gå ner och att något skulle hända när som helst.

Men naturligtvis faller ingenting "bara så". Det behövs alltid en yttre utlösande faktor, en global katastrof som motiverar en kraftig nedgång. Och COVID var det perfekta verktyget.

> *"När rädslan sprider sig omorganiseras rikedomen.*
> *Och alltid till samma fickor."*

Verkligheten är att pengarna följer de vakna. Pengar dras till ansvar, inte ursäkter. Varför? För att allt är energi. Bortom att vara ett papper eller en bit, svarar det vi har eller inte har i våra liv direkt på vår vibration.

Eller tror du fortfarande att miljoner dollar kommer att falla över ditt huvud medan du fortsätter att tro att det inte är helt etiskt att vara rik?

Vi brukar underskatta det faktum att pengar är bränslet på det pragmatiska planet. Allt slutar, på ett eller annat sätt, med politiska eller religiösa syften – de två enheterna med flest anhängare i mänsklighetens historia.

Det är detta som ligger bakom ett enkelt virus: rädsla. Och att använda rädsla som ett manipuleringsvapen är inte heller något nytt. Kyrkan gjorde det från början genom att införa idén om dödssynder som leder direkt till helvetet.

Vårt sinne är omedvetet programmerat att undvika smärta. Därför agerar vi ofta mer av rädsla än av kärlek. Om det enda du ser omkring dig är smittspridning och dödsfall, börjar rädslan gro tills du utan tvekan börjar tro att allt detta är verkligt. Samma sak gäller alla kriser: om du varje dag hör att marknaden faller eller att det inte finns pengar, slutar du upprepa det inombords och utåt, och gissa vad... det är det du slutar leva.

> *"Där du riktar din uppmärksamhet, där lägger du din energi. Och där du lägger din energi, där expanderar det du observerar."*

Så kanske du undrar: ska jag helt ignorera vad som händer i världen?

Svaret är: inte nödvändigtvis. Inom denna värld finns flera världar. Din sinne är ett, precis som din grannes, din partners eller dina föräldrars. Varje person lever i sin egen verklighet, och därifrån skapar och bidrar de till den kollektiva verkligheten.

Det handlar alltså inte om att ignorera andra, utan om att bli medveten om sig själv och välja varifrån man vill skapa och interagera.

Om du vibrerar i brist, kommer bristen att skapa. En person som grundade ett företag var tvungen att tänka i överflöd för att skapa en produkt eller tjänst och erbjuda den till världen. Annars skulle ingenting av det vi känner till idag existera. Många är förvirrade och tror att det är det yttre systemet som måste förändras. Det är mysticismens fälla: att fortsätta peka på andra – regeringen, politiken, religionen, eliten, illuminati, frimurarna, företagen, till och med andra entreprenörer. Det är den lägsta delen av vibrationsskalan, för det enda som förmedlas till världen är: *"Titta, jag är ett offer. Jag överlämnar all min makt. Jag vill inte ta ansvar för någonting."*

Hur kan man tillämpa detta på en pandemi eller någon annan situation i världen?

Jag ska ge dig ett enkelt exempel som du också kan tillämpa i ditt dagliga liv. Vi har alla, av fri vilja, fyra sätt att agera på. Ta till exempel vaccinerna, som på många ställen var ett krav för att få arbeta eller uträtta ärenden.

DE 4 SÄTTEN ATT VÄLJA: RÄDSLA ELLER KÄRLEK

1. Direkt rädsla.

Tänk dig att regeringen säger att du måste vaccinera dig för att kunna fortsätta arbeta eller vara säker. Du vill inte göra det, du känner det i kroppen... men du går med på det ändå, med ilska, med avsky, med en inre röst som skriker: *"Det här är inte rätt, men jag har inget val".* Du vaccinerar dig. Och du gör det av rädsla. Liksom alla val som föds i frånkoppling, får du mer lidande än lättnad.

2. Förklädd rädsla.

Föreställ dig nu att du, inför samma order, säger: *"Jag vaccinerar mig inte, även om de sparkar mig, även om jag smittas".* Det låter modigt, men om du ser på det ärligt kommer du att se att roten fortfarande är rädsla: rädsla för systemet, för att bli sjuk, för att ge efter. Hållningen är en kamp, ett försvar. Och det som följer på rädslan, även om det klär sig i mod, är alltid spänning och konflikt.

3. Närvarande kärlek.

Föreställ dig att du bestämmer dig för att vaccinera dig. Men den här gången, inte av plikt, utan av medvetenhet. Andas. Observera. Bestäm dig. Innan du får vaccinet, välsigna ögonblicket, din kropp, personen som administrerar det och till och med dess innehåll. Inte för att du litar blint, utan för att du litar på din förmåga att förvandla alla upplevelser genom kärlek. Du blir inte frisk av vaccinet, utan för att du redan var frisk när du valde från Gud.

4. Fast kärlek.

Tänk dig att du bestämmer dig för att inte vaccinera dig. Inte som en rebellisk handling, utan som ett uttryck för din inre sanning. Du är tacksam för att du kan välja. Du dömer ingen. Du gör dig inte till offer. Du vet att det kan få konsekvenser, men du lever inte längre för att undvika dem, utan för att hedra dig själv. Beslutet kommer från en plats av frid. Och den friden, som inte beror på vad som händer utanför, är din mest kraftfulla medicin.

Har du märkt det? Att agera utifrån rädsla genererar bara mer rädsla. Att agera utifrån kärlek genererar mer kärlek.

> *"Ett beslut som fattas utifrån ett högt medvetande läker mer än någon injicerad substans."*

Människor brukar komplicera saker för mycket bara för att de inte fattar beslut. Beslutet, fattat med full närvaro, är det som läker. Tvivel är det som dödar.

Därför är läkningen alltid direkt relaterad till hur mycket en person åtar sig att lyssna på vad hen känner, hur mycket ansvar hen tar för den känslan och hur mycket hen lyckas omvandla den känslan av rädsla till en känsla av kärlek. Det handlar inte om bättre eller sämre: det handlar om intention, medvetenhet, inre ansvar.

Det sätt att gå tillväga som jag delar med dig här kan du tillämpa var som helst och när som helst. I din vardag möter du säkert händelser som du inte gillar, obekväma samtal eller utmanande situationer. Om du kommer ihåg att du alltid kan välja – stanna eller gå, tala eller tiga, agera eller vänta – och gör det från ett lugnt sinne, kommer du att börja fylla hela ditt liv med lugn.

Det är detta jag menar när jag säger att "den inre världen skapar den yttre". Vi kan inte kontrollera vad som händer utanför, men vi kan kontrollera vår inställning.

> *"Om elitens planer kretsar kring rädsla, och du lyckas känna kärlek, har du redan vunnit spelet helt och hållet."*

Här är nyckeln: vad du än gör kommer det alltid att vara svårt. Det är svårt att vara överviktig, liksom att träna varje dag och sluta äta det som tidigare gav dig njutning. Det är svårt att ha ett jobb som du inte trivs med, liksom att starta ett företag utan att veta om det kommer att fungera. Skillnaden ligger i att bestämma sig. När jag säger "det är alltid svårt" måste vi fråga oss: för vem är det alltid svårt?

Det är alltid svårt för egot, eftersom egot inte fattar beslut. Och eftersom det passivt väntar på att saker och ting ska förändras, börjar dess skapande energi stagnera. Man börjar hetsäta, distraktioner, droger etc. dyker upp.

För så länge det inte bestämmer sig för vad det vill, känns allt som en börda. Men när det bestämmer sig för vad det vill och agerar för att uppnå det, även om det kräver ansträngning, njuter det av det. Det enda som försämrar det är att känna sig vilsen och nöja sig med det som "tillfaller" det. Det som ger liv kräver rörelse, för absolut allt i denna Matrix är energi.

Och som energiska varelser, låt oss omsätta denna kraft i handling för att spela spelet som vi verkligen förtjänar.

OBEGRÄNSADE VARELSER SOM SPELAR EN BEGRÄNSAD UPPLEVELSE

Med tanke på allt vi har utforskat verkar det logiskt att de som kontrollerar systemet främst är intresserade av att förhindra att vi vaknar, att vi tänker själva, att vi ser inåt. De vet att vi är djupt påverkbara... och har använt det till sin fördel i århundraden.

Men jag vill uppmana dig till något: sluta tänka att "de" är onda varelser. Det är en rent religiös berättelse som har lärt oss att tro att ondskan finns utanför oss, precis som frälsningen. Eliten är trots allt människor som du och jag. Om de skulle vara reptiler eller någon annan utomjordisk ras... spelar det verkligen någon roll?

Jag brukade tänka på dessa saker hela tiden. Jag ställde tusen frågor till mig själv. Och varje svar ledde till fler frågor. Tills jag en dag ställde mig den verkliga frågan: *spelar det verkligen någon roll att veta det jag vill veta?*

Det jag har förstått med tiden är vikten av att göra mitt liv enkelt. Och jag talar inte om att gå upp på toppen av ett berg och meditera 24 timmar om dygnet, utan om att fråga mig själv: hur vill jag leva? Vad är det jag verkligen vill? Det är den väsentliga frågan som markerade en ny riktning i förståelsen av denna "matris" för mitt liv.

Därför syftar detta verk inte till att ge dig makt genom ilska, utan genom ansvar. Från det enda ställe där du kan utnyttja din absoluta makt: beslutet. Att bestämma vad du vill är din största gåva.

> *"Om världen konspirerar mot dig, innebär ditt beslut att "konspirera" för din sanning inte att du konfronterar dem, utan att du gör dem irrelevanta. Man bekämpar inte mörkret genom att slåss mot det, utan genom att tända en lampa. Att vakna är inte att reagera på ett "t sätt: det är att minnas vem man är bortom rollen."*

Och låt mig säga något som du kanske redan anar. När Nikola Tesla sa att "för att förstå universum måste vi tänka i termer av energi, frekvens och vibration", sa han det inte för att låta gåtfull. Han sa det för att det är sant. Allt som existerar vibrerar. Allt som vibrerar avger en frekvens. Och varje frekvens är ett uttryck för energi.

Den energin finns i dig: i din röst, i dina tankar, i dina ord, i ditt fält. Och någon, någon gång, upptäckte att det var möjligt att aktivera inre tillstånd hos människan genom att använda precisa kombinationer av energi, frekvens och vibration. Jag säger inte detta för att överraska dig, utan för att visa dig något väsentligt:

Det här är inte mysticism. Det är praktiskt. Det är inte science fiction. Det är verklighet. Man har kallat det för "hemligheten" eftersom det är så kraftfullt, men i själva verket är det ingen hemlighet: det är det mest verkliga som finns och det är tillgängligt för oss alla i varje ögonblick.

Du är av naturen ett obegränsat väsen. Det har du alltid varit. Det enda som förändras är om du väljer att använda den naturen eller inte. I slutändan är denna bok en påminnelse om den sanningen. För sanningen är inte något man hittar: det är ett tillstånd av varande som man väljer. Ett tillstånd som väcks när du minns det, integrerar det och förkroppsligar det varje dag.

Det är inte lätt att tänka annorlunda, liksom det inte är lätt att fortsätta med mediokra tankar och begränsande övertygelser.

> *"De fattigaste människorna på jorden är inte de som inte har pengar på sitt konto, utan de mediokra: för de tror halvhjärtat att de kan lyckas, och därför lyckas de inte."*

Och nu vill jag presentera en man som omsatte Teslas berömda citat – som vi hört så många gånger på sociala medier – i praktiken:

MANNEN SOM BOTADE 16 CANCERPATIENTER MED FREKVENS OCH VIBRATION

Vad är verklighetens natur?

Svaret på denna fråga ignoreras ofta av större delen av befolkningen, men inte av många forskare som har förstått – och bevisat – att allt består av energi. Och att vi genom att manipulera dessa subtila energikrafter kan förändra oss själva och även förändra allt omkring oss.

Bakom denna vision stod en man som ville använda dessa naturkrafter för att bota sjukdomar och ta mänsklighetens hälsa och livslängd till en helt ny nivå. Den mannen var **Royal Rife**, en forskare som inte bara byggde den mest avancerade mikroskopet i sin tid – kapabelt att observera levande virus och bakterier – utan också botade 16 cancerpatienter på bara ett par månader med hjälp av **frekvensens** och **vibrationens** kraft.

Hans upptäckt fick så stor genomslagskraft att en grupp på 44 forskare 1931 samlades för att fira en revolutionerande händelse som de kallade **"Sjukdomarnas slut"**, övertygade om att Rifes upptäckt skulle göra det möjligt att behandla alla sjukdomar med hjälp av en enkel frekvensbaserad apparat.

Rife upptäckte att varje virus och bakterie vibrerade på en viss frekvens som de var känsliga för. Han kallade detta för **"den dödliga svängningsfrekvensen"**, ett begrepp som fortfarande används. Han testade det först på råttor och lyckades eliminera specifika bakterier, virus och tumörer med hjälp av elektromagnetiska frekvenser. Därefter tillämpade han det på människor... och lyckades igen.

Detta var vad Rife förklarade efter sina resultat:

"Med behandling med frekvensinstrument förstörs inget vävnad, man känner ingen smärta, man hör inget ljud och man märker ingen känsla. En slang tänds och tre minuter senare är behandlingen klar. Viruset eller bakterien förstörs och kroppen återhämtar sig naturligt från den toxiska effekten. Flera sjukdomar kan behandlas samtidigt."

Men om detta hände för nästan 100 år sedan, varför fortsätter vi att spendera mer än 185 miljarder dollar per år på cancerbehandlingar? Varför drabbas 1 av 3 män och 1 av 2 kvinnor av cancer?

Vad händer om sjukdomen är en affärsverksamhet... och botemedlet en revolution?

Allt var inte en saga. 1937, efter att ha grundat sitt företag, pressades Rife av **Morris Fishbein**, chef för American Medical Association, som försökte köpa de exklusiva rättigheterna till hans teknik. Rife vägrade. Men Fishbein, känd för att bromsa uppfinningar som hotade läkemedelsmonopolet – med stöd av familjer som Rockefeller – gav inte upp.

Det sägs att han finansierade en ingenjör från Rifes eget team för att väcka talan mot honom. Även om Rife vann rättegången, ledde rättegångskostnaderna till att han gick i konkurs. Hans laboratorium förstördes, polisen konfiskerade hans forskning och han hamnade i alkoholism. Den banbrytande uppfinningen, som kunde ha förändrat medicinhistorien, raderades nästan helt.

Idag behandlas cancer fortfarande med kemoterapi, en mycket dyr metod som i många fall skadar kroppen mer än den botar den. Tusentals människor dör inte bara av sjukdomen, utan också av behandlingarnas biverkningar. Och ändå fortsätter vi att tro att denna industris syfte är att rädda oss.

Bortom maskinerna finns det något viktigt att förstå: **den frekvens som gör oss sjuka kan komma från omgivningen, men den vibration som läker kommer från inre samstämmighet**. Den finns inte i en tablett eller en apparat. Den finns i ditt dagliga val att höja dina tankar, känslor och omgivning till det positiva. Att läka sig själv är inte en kamp mot det yttre: det är en handling för att återansluta sig till det som redan finns, energi i samklang med livet.

En svag mänsklighet är ingen olycka. Det är en design.

Som George Orwell sa:

"Massorna gör aldrig uppror av egen vilja, och de gör aldrig uppror bara för att de är förtryckta. Faktum är att så länge de inte tillåts ha jämförelsemått kommer de aldrig att inse att de är förtryckta."

Och det är det verkliga problemet: inte kontrollen... utan att inte veta att man kontrolleras. Hur kommer vi ur denna kollektiva hypnos? Genom att aktivera minnet.

Det minnet börjar med att erkänna vilka frekvenser vi konsumerar dagligen och till och med vilka frekvenser vi sänder ut. För om allt är vibrationer, är allt som kommer in i ditt sinne också en del av din kost, och det som kommer ut (det du ser och upplever) är just effekten av den kosten.

"På deras frukter skall ni känna dem." *(Matteus 7:16)*

Vill du bli helad? Placera dig i en miljö där healing är oundvikligt. Vill du lyckas? Omge dig med framgång. Vill du leva med glädje? Gå till platser där glädje inte är ett undantag, utan normen.

Kom ihåg vad vi såg i kapitel 1: varje känsla har en frekvens. Enligt Hawkins karta vibrerar rädsla lågt (mindre än 100), acceptans börjar läka (350) och kärlek börjar förvandla (500+).

Du behöver inte exakt vetenskap: det räcker med att observera hur din kropp känner sig inför det du konsumerar. Det är tillräckligt med bevis.

Jag har inte konsumerat nyheter eller lyssnat på musik med låg vibration på över fem år. Vad är "låg vibration"? Allt som förstärker skuld, rädsla, hat eller offermentalitet. Sedan jag lämnade dessa miljöer har jag inte behövt sjukhus eller mediciner.

Visst, även om medvetandet ökar, har vi fortfarande kroppar och lärdomar att gå igenom. Jag har haft feber och mått dåligt, men nu förstår jag att sjukdomar inte är fiender, utan budbärare: de visar mig det jag inte hade sett och som var viktigt för att fortsätta utvecklas.

Motgångarna försvinner inte. Det som förändras är varifrån man går igenom dem. Jag letar inte längre efter lösningen i problemet. Idag har jag ett rent sinne, en ren kropp och därför klara idéer för att skapa ett sammanhang där läkningen sker av sig själv, eftersom jag inte tänker på idén om sjukdom.

Jag införlivade högfrekventa ljud i min vardag: Solfeggio-musik, tibetanska klangskålar, medicinsk musik, opera, sakral musik. Allt som harmoniserar din omgivning harmoniserar också ditt inre. Varför? För att dina celler vibrerar i takt med det sammanhang du ger dem.

Det är inte så att du blir frisk bara genom att lyssna på en låt. Du blir frisk för att du slutar motstå livet, och den ljudet blir en kanal för överlämnande. Samma sak händer när du införlivar instrument, skapar, skriver, lagar mat, välsignar, dansar, skrattar, rör dig med avsikt eller helt enkelt går ut och andas frisk luft med solens strålar i ansiktet. Allt detta höjer din frekvens, och ju högre du vibrerar, desto närmare Gud kommer du. Och då... uppstår färre sjukdomar. Eller skulle Gud bli sjuk?

Många människor kontaktar mig för att de vill bota specifika sjukdomar. Och jag säger till dem: *Bota inte. Lev som Gud skulle leva.* Och när du lever fullt ut, gör kroppen resten.

> *"Att bota är inte att korrigera det som är trasigt. Det är att inse att det aldrig var trasigt. Det var bara en tolkning av en upplevelse utifrån rädsla."*

Sjukdom är inte ett straff. Det är en möjlighet. Kroppen kan inte bli sjuk av sig själv. Sinnet kan inte bli sjukt av sig själv. Anden kan aldrig bli sjuk.

Så... vem är egentligen sjuk? Bara den som glömmer att han redan är frisk.

Biologiskt sett strävar kroppen alltid efter balans. Den så kallade "sjukdomen" är bara en intern regleringsprocess. Men om du vägrar att känna, måste kroppen skrika ut det som ditt sinne tystade. Kroppen skriker inte för att den är skadad: den skriker för att du var döv för hjärtat.

All fysisk sjukdom är en outlevd känsla. Att inte känna gör dig sjuk. Att känna befriar dig. Läkningen börjar när du tar ansvar för det du undvek att se. Och energin börjar flöda när du bestämmer dig för att känna det du tidigare avvisade.

Om du går igenom en fysisk eller mental process, eller om någon nära dig gör det, kan du öva på detta mantra:

> *"Jag avbryter alla tankesystem som är relaterade till konflikten med (nämn det fysiska symptomet). Jag väljer att uppleva denna känsla utan motstånd. Jag väljer att släppa denna energi. Jag väljer att bekräfta kärleken genom detta. Jag är ett oändligt väsen. Och jag är inte bunden av detta."*

Detta mantra är inte en besvärjelse. Det är ett tillstånd. Ett tillstånd att känna. Och genom att känna, befria sig.

Jag har läkt mycket svåra fysiska processer på några timmar eller dagar bara genom att komma ihåg detta: tiden läker inte. Det som läker är hur ofta du väljer att leva det du känner. Och det beror inte på någon annan. Bara på dig själv.

I nästa avsnitt ska jag visa dig hur sinnet är det mäktigaste vapen du har, och hur det har använts mot dig i årtionden. Inte för att du ska hata systemet, utan för att du ska förstå spelet... och börja spela det med öppna ögon.

DET ÄR INTE PILLRET SOM BOTAR DIG, DET ÄR DIN UPPFATTNING

Har du någonsin sagt något i stil med: „Jag ska ta det här för det gör mig gott" eller „när jag gör det här mår jag alltid bättre"? Det var inget annat än din egen kropp som reagerade på en suggestion: du konditionerade dig själv att reagera på ett visst sätt när du utförde en specifik handling. Något som liknar placeboeffekten: dina ord och tankar formar den effekt som en substans eller handling kan ha på dig.

Placeboeffekten är ett av de fascinerande mysterier som vi alla upplever och använder utan att veta om det. Och om du förstod att den kraft du söker i en tablett alltid har funnits i din uppfattning om den... hur skulle det förändra ditt sätt att läka?

För att förklara det enkelt: om du går till läkaren och får höra att ett visst läkemedel fungerar mot det du har, så tror du på det. Varför tvivla? Där står någon i vit rock, med ett stetoskop runt halsen, på en plats dit alla människor går för att få samma sak som du.

Om du tänker efter dyker redan de betingande faktorerna upp:

- Om du är på sjukhuset och är klädd i vitt är du läkare.
- Om du är läkare har du en examen.
- Om du har en examen har du kunskap.
- Om du har kunskap, måste det du ordinerar fungera.

Men det som verkligen fungerar är att du tror att det kommer att fungera.

Det märkliga är att läkare ofta skriver ut det som är "på modet" för en viss åkomma, eller det som "fungerar för de flesta". Det görs sällan djupgående studier, och även när de görs utelämnas ofta en viktig faktor: den mentala aspekten.

Du kanske tänker: „Måste jag då gå till en psykolog?" Inte exakt. De är också en del av ekvationen, men de arbetar utifrån sinnet. De finns fortfarande i en mottagning och representerar fortfarande en auktoritet. Det som verkligen fungerar är tron på att de kan hjälpa dig. I själva verket är det du som hjälper dig själv genom dem.

Detta leder till två slutsatser:

1. Från ett tillstånd av låg vibration kommer du att påverkas av vad som helst utan att du märker det, och allt som du uppfattar som auktoritet kommer att verka ha makt över dig.

2. Från ett högre medvetandetillstånd förstår du att det är du själv som hjälper dig själv, genom att använda suggestion att den andra kan hjälpa dig.

Om du går lite längre upptäcker du en tredje fas: du behöver inte extern hjälp, utan förståelse, acceptans och inre frid. Och det kan bara du ge dig själv, alltid, just nu.

Placeboeffekten väcker mycket intressanta frågor. Till exempel: vad skulle hända om tabletten du får inte har några kemiska egenskaper, utan bara är socker? Ändå visar många studier att den kan ge samma effekt som ett riktigt läkemedel. Varför? För att ditt sinne fick order att tro att du skulle bli frisk, och det gjorde det. Sammanhanget (vem som gav dig den, var, hur) vägde tyngre än innehållet (vad den egentligen innehöll).

> *"Det mest kraftfulla läkemedlet är inte substansen, utan din uppfattning om den."*

Och även om det verkar vara ett bedrägeri, så är det inte det. I en studie fick patienterna veta att de skulle ta sockerpiller, men att de skulle ha samma effekt som ett riktigt läkemedel. Resultaten var positiva: patienterna blev bättre även om de visste att det var placebo.

Ett känt exempel är Mr Wright, som diagnostiserades med cancer 1957 och gavs upp. Han hörde talas om ett serum som hette krebiozen och bad om att få det. Några dagar senare hade tumörerna minskat avsevärt. Men när han läste att serumet inte hade någon vetenskaplig giltighet, fick han omedelbart ett återfall. Hans läkare gav honom då vatten och försäkrade honom att det var en „mer effektiv" version, och Wright blev bättre igen. T , när han definitivt fick veta att medicinen var verkningslös, dog han några dagar senare.

Wright dog för att han trodde att det inte fanns något hopp. Han blev frisk för att han trodde att det fanns hopp.

Denna historia förklarar vad jag nämnde tidigare. Sinnet har en enorm kraft, både att läka och att göra sjuk. Den goda nyheten är att när du tar ansvar, höjer din medvetenhetsnivå och börjar leva utifrån sanningen, kan du välja att alltid vibrera högt.

Jag ger dig receptet för att aldrig bli sjuk!

De flesta människor förstår inte detta. De tror att det viktiga är vad de tar eller gör, när det i själva verket är mycket viktigare vad de tänker om det de tar eller gör. Det är Varelsen – som vi talade om i början av boken – som avgör en persons resultat.

Du kan VARA, GÖRA eller HA vad du vill i livet. Bokstavligen: du kan VARA healing, du kan GÖRA healing och du kan HA hälsa varje dag i ditt liv.

Du kan själv fördjupa dig i din egen placeboeffekt med vad du än vill göra. Det gör du faktiskt redan. Jag minns min far, som alltid sa att natriumbikarbonat var mirakulöst för honom. Han använde det till oändligt många saker, till och med för att bota eller rena sin kropp. Är bikarbonat verkligen ett mirakelmedel? Nej, men för den som tror på det är det det!

Precis som han använder många människor gröna juicer, fasta, högfrekvent musik, andliga retreater, havet, bergen... Vad du än väljer, se till att det är något som i sig själv är högt (som har hög kalibrering enligt medvetenhetskartan). Allt som för dig närmare den du är och din skapande kraft vibrerar högt. Allt som tar dig bort från dig själv – och därmed från Gud – vibrerar lågt.

> *"Lyssna på din kropp, ta hand om din själ och låt din intuition bli din nya personliga läkare."*

Att gå till en psykolog eller läkare som inte lever utifrån en hög kalibrering, som bara „gör sitt jobb" utan att gå på djupet, kommer inte att vara till stor nytta. Den kunskap de förvärvar är värdefull för att förstå den praktiska delen av processen. Men det som upprätthåller det praktiska är inte det praktiska: det är det andliga. Och det är där du måste börja investera så snart som möjligt.

Många läkare, terapeuter, psykologer och psykiatriker är inte direkt skyldiga till systemet... men de har blivit dess mest lydiga soldater. De har tränats i åratal att upprepa protokoll, memorera symtom och skriva ut läkemedel utan att ifrågasätta orsaken. Det som verkar vara "utbildning" är i själva verket en djupgående programmering som börjar på universitetet och förstärks med varje kongress som finansieras av laboratorier. De har lärt sig att behandla delar, inte att se människan som en helhet. De har lärt sig att tysta symtom, inte att lyssna på själen.

Och ändå fortsätter de flesta att tro att deras syfte är att bota. Men att bota är inte deras prioritet: att stabilisera det dysfunktionella är det. Modern medicin strävar inte efter att läka, utan efter att kontrollera. Och dess huvudsakliga verktyg – medicinerna – höjer inte din frekvens och kopplar dig inte till Gud. De bedövar bara din perception så att du inte känner det du behöver se. Därav deras "effektivitet": de stänger av kroppen, men förändrar inte orsaken.

Du behöver inte fler piller, fler diagnoser eller fler räddare i vita rockar. Du behöver återta kontrollen över din energi, din kropp, ditt medvetande. För den mest kraftfulla medicinen finns inte i en burk: den finns i din närvaro, i din koherens, i din sanning. Och när du inser det kommer du att sluta överlämna din makt till dem som bara kan ge dig det du själv tillåter.

Det är inte så att de botar dig. Det är du som låter dig botas av det du tror att de är.

Och där ligger det största bedrägeriet: genom att tro på deras auktoritet överlämnar du din suveränitet till dem. Men när du minns att Källan bor inom dig behöver du inte längre några mellanhänder. Du behöver bara återvända till Gud. Till den enda Sanningen. Till det eviga som läker allt.

> *"Vem skulle vinna på att du blev botad från grunden? Ingen. Men om du förblir kroniskt sjuk, bedövad, diagnostiserad och medicinerad... då blir du en evig kund."*

AFFÄREN MED ATT HÅLLA DIG SJUK

När någon mår dåligt är det första de gör att gå till läkaren. Läkaren skriver ut medicin. Medicinen dämpar symptomen. Och när symptomen dämpas slutar kroppen att kommunicera. Det som tidigare var en varningssignal ignoreras nu. Och det som inte behandlas... förvärras.

Det som nästan ingen ifrågasätter är att de flesta vårdpersonal lär sig att upprepa information, inte att skapa förändring. De studerar i åratal det som andra har definierat som sanning. De skriver prov, memorerar manualer och tillämpar sedan formler. Men om de avviker från protokollet blir de bestraffade. *Systemet belönar inte den som botar: det belönar den som lyder.*

Det betyder inte att alla läkare är en del av problemet. Många har utbildats i ett system som aldrig visat dem att hälsa också beror på miljön, sinnet, känslorna och det inre tillståndet. Och det är den verkliga blinda fläcken: det handlar inte bara om vad som händer i kroppen, utan om det sammanhang där det sker.

En kropp blir sjuk när dess miljö blir sur, inflammerad och oxiderad. Det är inte slumpmässiga termer: surhet och oxidation är inre tillstånd som försvagar cellerna och stör immunförsvarets kommunikation. Och den inre miljön påverkas direkt av vad du äter, andas, tänker och känner. Jag ska ge dig några exempel som kan tjäna som vägledning

Föda som gör kroppen sur:

- Raffinerat socker (och sirap som högfruktosmajs)
- Vitt mjöl (vitt bröd, industriellt tillverkad pasta, bakverk)
- Alkohol

- Läsk och energidrycker (mycket sura och fulla av tillsatser)

- Friterad mat (återanvända oljor, transfetter)

- Charkuterier (korv, industriellt framställd skinka, mortadella)

- Bearbetat kött (hamburgare från snabbköpet, nuggets)

- Industriella mejeriprodukter (pastöriserad mjölk, lagrad ost, sötad yoghurt)

- Överdriven koffeinintag (konventionellt kaffe, energidrycker)

- Ultraprocessade produkter (kex, snacks, snabbmatssoppor)

- Artificiella sötningsmedel (aspartam, sukralos)

- Raffinerade oljor (solros-, raps-, majsolja)

Observera: det är inte så att alla dessa produkter är "giftiga", men om ditt mål är en alkalisk och vital kropp bör de undvikas eller konsumeras i mycket begränsad omfattning.

Alkaliska livsmedel:

- Färsk frukt (särskilt vattenmelon, mango, ananas, papaya, melon, citron, lime)

- Gröna grönsaker (spenat, grönkål, selleri, gurka, broccoli, rucola)

- Naturliga gröna juicer (opastöriserade och utan tillsatt socker)

- Vatten med citron (även om det är surt utanför kroppen, har det en alkaliserande effekt)
- Aktiverade frön (chia, solros, pumpa, lin, sesam)
- Groddar (alfalfa, broccoli, linser)
- Alger (spirulina, chlorella, kelp, nori)
- Avokado
- Färsk ingefära och gurkmeja
- Alkaliska infusioner (maskros, nässla, mynta)
- Naturligt kokosvatten
- Extra jungfruolja (rå)

Vibrations tips: ju mer levande maten är (färsk, rå, grodd), desto mer energi ger den och desto mer alkalisk blir den.

Ett surt system är en grogrund för kronisk inflammation, trötthet, virus och alla typer av sjukdomar. När du lever med inflammation blir allt förvrängt: din energi sjunker, din mentala klarhet minskar och ditt vibrationsfält sjunker under 200 på medvetenhetskartan. Det området präglas av rädsla, skuld, sorg och apati. Precis det som systemet förstärker dagligen. Precis det som håller dig bedövad.

Som Bruce Lipton förklarade i sin bok *La biología de la creencia* (Biologin bakom övertygelser) är det inte generna som avgör din hälsa, utan cellernas miljö. Och den miljön formas av dina tankar, din kost, din emotionella omgivning och din stressnivå. Om du lever på autopilot, konsumerar lågfrekventa stimuli och äter skräpmat, hur kan du då förvänta dig att din kropp ska fungera bra?

Och det här kan inte fixas med en aspirin. Vad nästan ingen vet är att många av dessa "vanliga" tabletter inte botar någonting. De blockerar bara kroppens signaler. Aspirin, till exempel, hämmar ett enzym för att minska smärtan, men behandlar inte orsaken. Det säger till kroppen: „tala inte". Och kroppen lyder. Men det som tystas... stannar kvar. Och det som stannar kvar och inte tas om hand börjar på lång sikt tynga...

Smärta, trötthet, inflammation... är inte fel. Det är information som behöver ses.

Lösningen är inte att tysta symptomen, utan att rensa upp i grunden. Och det börjar med att inse att ingen har lärt oss att leva. Att många tror att de är friska eftersom de inte har feber, men lever med inflammationer inuti kroppen. Att om man vill leva ett högt liv behöver man ett alkaliskt inre system, inte ett som är försurade av skräpmat, kronisk stress och negativa tankar.

Sammanfattningsvis: det handlar inte om att „bekämpa" sjukdomen, utan om att sluta odla den. Och för det behöver vi ta ansvar för den inre miljö vi skapar varje dag. För det kroppen uttrycker är bara en återspegling av vad medvetandet tillåt.

Det är inte pillret. Det är miljön. Och den viktigaste miljön... är den du väljer att vara.

> *„Giftiga livsmedel skapar inflammerade kroppar;*
> *inflammerade kroppar genererar tunga känslor;*
> *tunga känslor leder till läkaren; läkaren skriver ut*
> *läkemedel som dämpar symtomen utan att bota;*
> *och så uppstår beroendet."*

Därför, när vi väljer sanningen, befriar sanningen oss. Det gör ont, ja, det är sant. Men om du är som jag, vet jag att du hellre lever ett liv som gör lite ont men som är sant, än ett liv som verkar glatt men som är helt falskt.

Jag skrev den här boken för att hjälpa mänskligheten att vakna upp ur den dvala den har befunnit sig i. En dvala som framkallats av distraktion, rädsla och splittring. En kollektiv förlamning som har fått oss att agera som om vi inte visste vad som är rätt, som om vi ignorerade vad som är Sanningen.

Men Sanningen är inte något man söker utanför sig själv. Det är något som var och en bär inom sig, även om man ofta väljer att inte se det... för att det gör ont att se det. För att se det kräver att man ger upp lögnen, rollen, de bindningar som ger oss trygghet men inte fullkomlighet.

Därför kommer man till en punkt där man inte längre kan undvika det oundvikliga. Där man måste fatta ett verkligt, ärligt och definitivt beslut.

Ett beslut som skiljer dem som fortfarande sover... från dem som vågar leva vakna.

Och det beslutet börjar med denna fråga:

Vill du fortsätta att leva bedövad och blind, eller välja, en gång för alla, ett liv i sanning och frihet?

Med allt vi har gått igenom hittills är det naturligt att tvivel uppstår. Kanske känner du lust att göra drastiska förändringar: sluta med medicinerna, ändra hela din kost, sluta gå till läkaren, lämna systemet helt och hållet. Och även om dessa beslut kan resonera med den sanning som vaknar inom dig, är det inte alla som tas på en gång. Och inte alla ska tas utifrån känslor.

Detta är inte en uppmaning till reaktion, utan till medvetenhet. Det viktiga är inte att göra för att göra, utan att tydligt känna när ett beslut kommer från själen... och när det bara är en förklädd flykt från „uppvaknandet".

Denna bok pressar dig inte, den följer dig. Den erbjuder dig en process. En väg till avprogrammering där varje lager lossnar i sinom tid. Det finns inga genvägar som gör att du slipper se inåt. Det finns inga formler som kan ersätta ditt omdöme.

Därför handlar det inte – som jag har upprepat många gånger – om att skylla på eller peka finger. Det handlar om att lyssna. Om att låta sanningen ( ) göra sitt arbete inom dig. Om att ge efter för den lilla rösten som, om du vågar lita på den, tydligt kommer att visa dig vad nästa steg är. Även om det är obekvämt. Även om du inte förstår det ännu.

Men du kommer att veta. För du kommer att känna att det är sant.

SJUKDOM ÄR EN ILLUSION

På grund av den dualitet vi lever i, och eftersom vi tror att det är möjligt att bli sjuka, måste vi förstå att sjukdom i sig inte är verklig. Psykologiskt sett uppstår den genom det som kallas noceboeffekten. Denna effekt, som är motsatsen till placeboeffekten, beskriver vår förmåga att tro att något kommer att göra oss illa och omvandla den tron till en självuppfyllande profetia.

År 1960 visade en studie med astmapatienter detta: 40 personer fick inhalatorer som endast innehöll vattenånga, men de fick höra att de innehöll irriterande ämnen. Resultatet: 9 av dem (48 %) uppvisade astmasymtom, såsom sammandragning av luftvägarna, och 12 (30 %) drabbades av fullständiga astmaattacker. Senare fick de a identiska inhalatorer, men försäkrades om att de innehöll medicin, och luftvägarna öppnades hos alla. I båda situationerna reagerade patienterna på den suggestion som implanterats i deras sinnen och fick exakt den förväntade effekten.

Vem var den verkliga läkaren i det experimentet? Sinnet. Och vad var receptet? En övertygelse.

Detta får oss att undra: hur lättpåverkad är du? I vilken utsträckning kan du förändra ditt tillstånd? Vilka profetior skapar du i ditt sinne som kan gå i uppfyllelse utan att du märker det?

Det är lätt att förstå att ett vaccin kommer att göra dig gott om du tror det, och att det inte kommer att göra det om du tror motsatsen. Dessa budskap brukar vara obekväma eftersom de verkar vara en uppmaning till "oansvarighet". Men är det inte mer oansvarigt att leva utan att ifrågasätta, utan att försöka förstå den dualitet vi lever i? Är det inte mer oansvarigt att glömma att vi är andliga varelser och inte bara fysiska kroppar? Att fortsätta spela detta spel som offer för effekterna och inte ta ansvar för orsakerna är, ur denna synvinkel, den största oansvarigheten.

Jag ska säga det klart och tydligt: om det första du gör när du känner dig dålig är att ta medicin för att det "gör dig gott", så kommer det att göra dig gott, men kom ihåg: det är för att du tror det. Du behöver det inte. Jag beklagar din läkare, dina studier och alla övertygelser som fick dig att tro att det var medicinen som räddade dig. Det är det inte och det kommer det aldrig att vara. Medicin kan hjälpa till en viss grad, men det inre arbetet är oumbärligt.

Det finns hundratals fall av tumörer som har försvunnit på ett ögonblick. Ben som har rättats till på några sekunder. Kroniska åkommor som har försvunnit på några minuter. Läkning, precis som sjukdom, beror inte på tid: den beror på medvetandet.

Undertryckta känslor gör oss sjuka, liksom tron att vi kan bli sjuka.

Det är enkelt: om du förstår vad jag delar här kan du införa tron att du inte behöver mediciner, att den enkla handlingen att andas medvetet läker dig, eller att känna en känsla kan ge upphov till en så djup kärleksprocess att den befriar dig från lidandet.

> *"Det handlar inte om att förneka det som gör ont, utan om att inte ge kontrollen till det som aldrig var orsaken."*

I slutändan är det inte vad du gör som är viktigt, utan att du är medveten om att det yttre är yttre: det är inte du, även om det påverkar dig direkt, för det är du som bestämmer vilken effekt det kommer att ha. Oavsett om du är medveten om det eller inte, så fungerar det så.

På global nivå, om vi alla tror att det finns ett extremt smittsamt virus, förstärker vi bara vår egen profetia. Vi kan inte förändra den globala verkligheten, men vi kan förändra vår personliga verklighet. Och därifrån bidra till kollektiv förändring.

> *"Massan skapar normen, men individen skapar förändringen."*

På ett eller annat sätt kommer vi att normalisera något. Det är upp till oss om vi normaliserar lidande och sjukdom eller fred och läkning. Det är upp till ingen annan. Detta innebär att vi tar 100 % ansvar för vårt liv. Att i varje ögonblick erkänna att dina ord skapar verkligheten, att dina tankar formar din värld och att dina känslor styr ditt liv.

Varje undertryckt känsla är en omedveten bön. Du lever det du är i samklang med och upplever det du accepterar som en del av dig själv. Frågan är: vad kommer du att acceptera som sant? Att du kan botas med dina tankar, eller att du behöver medicin? Att du inte kan förändra din verklighet, eller att dina tankar skapar den och att du därför kan förändra den? Att dina känslor är till för att kännas, eller att det är rätt att undertrycka dem och straffa din kropp och ditt sinne?

> *"Det du accepterar som sant blir lag i ditt universum."*

Livet är enkelt, men för att känna den enkelheten måste du leva, och att leva innebär att välja något större som vägledning. Djävulen finns alltid i detaljerna: tvivlande, ifrågasättande, dömande, sådd av rädsla. Gud finns i det absoluta, i det omfattande, i det allmänna, och påminner dig om din inre visshet, din frid, din kärlek och din oskuld. Gud garanterar dig bergstoppen, även om han inte kan försäkra dig om att det inte kommer att bli stormar eller motgångar under klättringen. Djävulen kommer att viska till dig att du kanske borde gå ner eftersom det är riskabelt, eller att det kanske inte är bergstoppen du egentligen ska nå.

Gud och djävulen kommer alltid att finnas med i detta dubbla spel, precis som du alltid kommer att ha friheten att tänka själv och välja vem du vill lyssna på och därmed vilken väg du vill följa.

Nu när du förstår essensen av detta spel och ditt medvetande har höjts till fullt ansvar för ditt liv; nu när vi tar hand om både din inre och yttre hälsa, och du förstår hur detta världssystem är uppbyggt, är det dags att förkroppsliga detta budskap. Må ditt Jag bli ett med Gudomen och må du kunna göra verklig användning av den inneboende kraft som Gud har gett oss.

LÅS UPP DIN MEDFÖDDA HEALINGFÖRMÅGA

Denna teknik utnyttjar 100 % av din hjärnkapacitet. Jag kände att det var nödvändigt att inkludera en övning som sammanfattar det jag lärt mig under år av forskning och erfarenhet inom helande, i kombination med kunskap som CIA själv erkänt i hemligstämplade dokument. Denna teknik är unik; du hittar den inte någon annanstans. Och om den fungerar för dig har du min tillåtelse att dela den med hela världen.

Denna praktiska metod som du kommer att lära dig frigör din förmåga att läka dig själv från alla sjukdomar, föryngra dig, återfå din vitalitet och befria dig från lidande på ett ögonblick. På cirka 20 minuter kan du återfå din balans, minnas vem du är och höja din vibrationsfrekvens till tillstånd som villkorslös kärlek (530) och fred (600).

Teknik: Energetisk expansion av medfödd healing (EESI)

Jag ber dig att utföra denna teknik medan du läser. Informationen integreras verkligen när den tillämpas omedelbart, inte imorgon eller „när du har tid". Gör det nu; sedan kan du finslipa det. Det är uppdelat i tre faser med tydliga steg som du följer medan du läser.

Fas 1: Förberedelse – Slappna av i kroppen

Om du sitter eller ligger, justera din hållning så att du känner dig bekväm. Släpp spänningarna i axlar, käke och panna.

1. **Startbekräftelse.** Upprepa i ditt sinne: *"Jag är mer än min fysiska kropp. Nu släpper jag all spänning och aktiverar min naturliga läkningsförmåga."*

2. **Andas djupt.** Andas in långsamt och djupt och föreställ dig att du absorberar starkt grönt ljus från universum till ditt huvud. Håll andan några sekunder och andas sedan ut långsamt och släpp all stillastående energi till marken. Gör detta tre gånger och behåll denna visualisering.

Fas 2: Aktivering – Skapa din helande energikula (HEK)

Föreställ dig att en sfär av starkt grönt ljus omger dig helt. Med varje andetag expanderar sfären och blir starkare.

Upprepa mentalt: *"Jag är omgiven av helande energi som balanserar och återställer varje cell i min kropp."*

1. **Identifiera de områden som behöver uppmärksamhet.** Fråga din kropp: *"Var behöver du min uppmärksamhet just nu?"* Låt känslan komma fram: det kan vara smärta, tyngd eller bara en tanke som pekar på ett område.

2. **Healande energistav (BES).** Visualisera att du håller en lila ljusstav i dina händer. Rikta den mot det område du identifierat. Upprepa: *"Jag renar, balanserar och återställer denna del av min kropp med helande energi."*

Fas 3: Manifestation – Projicera din healing

Visualisera varje cell som arbetar i harmoni och strålar av ljus. Om du inte kan föreställa dig det, upprepa: *"Mina celler vet hur de ska läka. Jag är hel, balanserad och frisk."*

1. **Anslut till din inre sanning.** Tillåt dig själv att känna vissheten om att du redan håller på att läka. Lägg märke till eventuella förändringar: lättnad, lugn eller värme i vissa områden.

2. **Förankring.** När du är klar, lägg händerna på hjärtat, andas djupt och säg: *"Tack, min kropp, för att du vet hur man läker. Tack för denna stund av expansion och förnyelse."*

Om du förstår att du har kraften att förändra din verklighet inifrån, har du redan förstått det väsentliga i denna bok. Det du gör från och med nu är att sprida ditt ljus för att dela det med världen.

Men för att gå mot sanningen måste vi veta varifrån vi kommer. Den kontroll vi lever under idag började inte med tekniken. Den började mycket tidigare, gömdes i berättelser, kodades in i historien, graverades in i DNA:t.

Det som kommer nu syftar inte till att skrämma dig, utan att befria dig. För det enda sättet att ta sig ur ett fängelse är att erkänna att man befinner sig i det. Och det enda sättet att vakna upp är att minnas.

Låt oss tända lampan. Inte för att se på det förflutna med rädsla, utan för att se på nutiden med nya ögon.

DEL 2: TÄNDER LAMPAN I DÖM

Vad skulle hända om vi inte skapades av slumpen eller av en ensam gud, utan av intelligenser som kom ner från stjärnorna för att så sin kod i oss?

I en värld där miljarder människor fortfarande tror att vi skapades på ett ögonblick av en enda skapare, väcker det automatiskt kontroverser att ifrågasätta dessa övertygelser. Detsamma gäller när man ifrågasätter den vetenskapliga versionen som hävdar att vi endast är resultatet av evolutionen. Men oavsett vem som har rätt, så visar båda dessa synsätt bara halva sanningen.

Idag börjar även renommerade forskare och vetenskapsmän att erkänna det som tidigare var otänkbart: att den mänskliga arten kan ha designats, accelererats eller t ingripit av icke-mänskliga varelser. Och vi talar inte om tro eller övertygelser, utan om fakta, fynd och mönster som inte stämmer överens med den officiella berättelsen.

Nedan kommer vi att se några av de mest omdiskuterade, men också mest avslöjande bevisen. Du har kanske aldrig ställt dig dessa frågor, men i slutet av detta kapitel kommer det att vara omöjligt att ignorera dem. För när du upptäcker vem som skapade dig, kommer du också att minnas vem du är.

OBESTRIDLIGA BEVIS OM VEM VI ÄR

Bevis 1: Hjärnans Big Bang

2004 publicerade forskare vid University of Chicago en avgörande studie: utvecklingen av det mänskliga hjärnan kan inte ha skett gradvis. Något förändrades abrupt för cirka 50 000 år sedan, vilket gjorde det möjligt för oss att gå från att rita i grottor till att skapa hela civilisationer.

En av nyckelfaktorerna var mutationen av genen **FOXP2**, som ansvarar för språk och abstrakt tänkande. Även om den finns hos andra djur, förändrades den specifikt hos människor, vilket satte fart på våra kognitiva förmågor.

Och som om det inte räckte sammanfaller denna genetiska förändring exakt med neandertalarnas mystiska försvinnande... och med uppkomsten av grottmålningar som föreställer icke--mänskliga varelser med främmande former och proportioner. Tillfällighet... eller kontakt?

Bevis 2: DNA med tecken på ingenjörskonst

2013 lade fysiker vid Kazakstans nationella universitet fram en revolutionerande hypotes: mänskligt DNA innehåller en matematisk kod som är så sofistikerad att den verkar ha utformats med millimeterprecision. Dess precision, symboliska struktur och förmåga att "arkivera" information liknar mer intelligent programvara än ett slumpmässigt produkt.

Dessutom föreslog dessa forskare att vissa delar av vårt DNA fungerar som mottagare av en extern intelligens. Som om kroppen vore en antenn som kan ställa in sig på den som skapade den. Låter det bekant? Kroppen som andens tempel, som en direkt kanal till det gudomliga.

Här kommer ett lika oroande som avslöjande begrepp in: den **"biologiska SETI"**. SETI, programmet för sökandet efter utomjordisk intelligens, har i årtionden lyssnat på radiosignaler i rymden. Men... tänk om den verkliga signalen inte kommer från himlen, utan finns inom oss?

Biologisk SETI föreslår just detta: att en avancerad civilisation inte skulle skicka meddelanden via radiovågor, utan lämna sin genetiska signatur i andra arters DNA och vänta på att de skulle utvecklas tillräckligt för att kunna läsa meddelandet och minnas vilka de är.

Det är vad som händer just nu: det andliga uppvaknande som så många känner är ingen slump. Det är en cellulär aktivering. Ett återkallande kodat i vårt ursprung.

Kroppen som antenn. DNA som meddelande. Själen som mottagare. Det är inte science fiction. Det är vad många forskare redan vågar säga... även om man försöker tysta dem.

Bevis 3: Den mitokondriella Eva

Framstegen inom genetiken har avslöjat något fascinerande: alla levande människor delar en gemensam kvinnlig förfader, den mitokondriella Eva. Det är ingen myt, det är biologi: den **mitokondriella Eva.**

Denna kvinna levde för cirka 200 000 år sedan och hennes mitokondriella DNA finns fortfarande kvar i var och en av oss. Men hennes uppkomst sammanfaller med en katastrofal händelse som nästan utplånade mänskligheten. Endast hennes släkt överlevde.

Var det slumpen... eller en nystart? Varför uppstod plötsligt så många olika mänskliga raser på så kort tid? Och varför kan vi fortfarande inte helt förklara det evolutionära „språng" som förde oss hit?

Bevis 4: RH-negativ anomali

Visste du att om en kvinna med RH-negativt blod blir gravid med ett RH-positivt foster, kan hennes kropp attackera det som om det vore en inkräktare? Detta är utan motstycke i naturen.

Cirka 15 % av världens befolkning har RH-negativt blod, men det är särskilt koncentrerat till specifika regioner som Baskien, vars språk och genetik fortfarande är ett mysterium.

Till denna sällsynthet kommer andra särdrag: ökad intuition, psykisk känslighet, lägre kroppstemperatur, extra ryggkotor... och till och med en hög andel av personer med denna blodgrupp rapporterar paranormala upplevelser eller observationer av oidentifierade flygande föremål.

Har vi att göra med en hybridstam? En avsiktlig genetisk modifiering? Och varför kännetecknar denna blodvariant också en stor del av den europeiska kungligheten?

Bibeln nämner det på ett subtilt sätt:

"Det fanns jättar på jorden på den tiden, och även efter det att Guds söner kom till människornas döttrar och avlade barn med dem. Dessa var de tapprika män som från forna tider var berömda." *(1 Mosebok 6:4)*

Bevis 5: Den saknade länken

Evolutionsteorin hävdar att vi utvecklats gradvis från aporna. Fossila fynd stöder dock inte denna teori. Det gick miljontals år utan några betydande förändringar, och plötsligt, för cirka 200

000 år sedan, dök *Homo sapiens* upp fullt utvecklade, med en intelligens som inte kan förklaras enbart med naturlig selektion.

Språnget var så abrupt att den berömda "saknade länken" aldrig hittades. Kanske för att den inte försvann. Kanske för att den aldrig existerade. Det som däremot finns är tecken på ingripande, på en artificiell acceleration. Om det var möjligt... vem gjorde det och i vilket syfte?

Bevis 6: Dubbelhelixen före upptäckten

DNA-strukturen upptäcktes 1960. Men tusentals år tidigare hade forntida kulturer redan ristat in symbolen för dubbelhelixen i stenar, tempel och ruiner. Hur kunde de veta det?

Kaduceus – två sammanflätade ormar med vingar – förekommer i mytologier över hela världen: Sumer, Egypten, Grekland, Rom. Den representerade gudarna som kom ner från himlen, mästare i alkemi, healing och handel. Är det en slump att dessa var samma funktioner som tillskrevs *Anunnaki* i de sumeriska tavlorna?

Dubbelhelixen representerar inte bara vår DNA. Den symboliserar också källan från vilken den kommer, och enligt de gamla kom den källan från himlen.

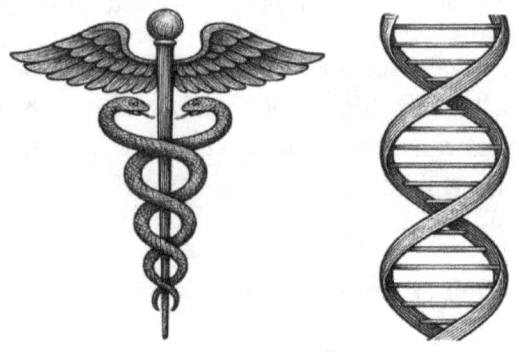

Kaduceus och DNA

Vad skulle hända om all denna information inte bara fanns här för att fascinera oss, utan för att aktivera oss? För om någon sått intelligent liv på denna planet, och om vi är en del av den sådd... då är vi inte bara utvecklade djur. Vi är förkroppsligad medvetenhet med ett kosmiskt syfte.

Det handlar inte om utomjordingar. Det handlar om att minnas det glömda förbundet med vårt ursprung. Och varje förbund som man minns... kräver handling.

Kanske är vi människor inte bara „människor", utan mycket mer... eller mycket mindre. Kanske är vår existens så liten och obetydlig att ingenting har någon mening i slutändan, eller att absolut allt har det.

Den frågan kommer vi att ta upp nästan i slutet av boken. För tillfället är det dags att presentera våra förfäder.

HELA MÄNSKLIGHETENS FÖRFÄDER

När man börjar undersöka på allvar hittar man inga motsägelser, utan tystnader. Obekväma, selektiva och framför allt avsiktliga tystnader. Det är som om någon inte vill att vi ska lägga ihop pusselbitarna. Men pusselbitarna finns där: i gamla böcker, i omöjliga spår, i monument som trotsar logiken, i bevis som undertrycks av institutioner som påstår sig bevara "sanningen".

Den bibliska berättelsen i Första Moseboken är tydlig: *"Det fanns jättar på jorden på den tiden, och även senare, när Guds söner förenade sig med människornas döttrar."* Denna påstående, som av många anses symboliskt, får en annan dimension när vi upptäcker att det finns spår, skelett och strukturer runt om i världen som bevisar att det faktiskt fanns varelser av extraordinära dimensioner som vandrade på denna planet.

Fotavtryck och ben som inte passar in i den officiella historien

Man har hittat fossila fotavtryck från mänskliga fötter som är upp till 1,30 meter långa, med proportioner som är identiska med våra: fem tår, häl, fotvalv. De har hittats i Afrika, Amerika och Asien. Hur kan man förklara detta om det inte fanns jättar?

Till detta kommer en historisk rättsprocess: 2015 tvingades Smithsonian Institute av USA:s högsta domstol att erkänna att man förstört tusentals jätteskelett under 1900-talet. Ett vittne lade fram ett lårben som var över en meter långt, tillsammans med ett brev undertecknat av en före detta tjänsteman vid institutet som bekräftade att det fanns lagerrum fyllda med gigantiska benrester på 1920-talet. Institutionen erkände fakta, men rättfärdigade dem med att de var "oförenliga med vedertagen vetenskaplig kunskap". Vad de inte sa var att hur många ben de än gömmer, finns det spår som de inte kan begrava.

Händer som berättar en annan historia

Vid utgrävningar nära det gamla palatset i Avaris i Egypten hittades 16 amputerade högra händer, alla av stor storlek: mellan 25 och 31 centimeter långa. Enligt arkeologerna kan de ha tillhört människor som var mellan 2,70 och 2,90 meter långa. Krigare? Varelser av en annan art? Fyndet verkar bekräfta gamla egyptiska berättelser om soldater som högg av händerna på gigantiska fiender för att ta över deras makt.

Megakonstruktioner

Ett annat tecken på att det på jorden har funnits varelser med mycket högre intelligens än dagens – eller rentav jättar – är de byggnader som än i dag trotsar alla logiska förklaringar. Och jag talar inte bara om pyramiderna i Egypten: hela planeten är full av omöjliga konstruktioner.

Pyramiderna i Egypten byggdes med mer än 2,3 miljoner granitblock, var och en med en genomsnittlig vikt på 2,5 ton, och vissa väger upp till 60 ton.

Men det är inte allt: de geografiska koordinaterna för den stora pyramiden i Giza är **29,9792458°**, exakt samma siffror som ljusets hastighet (**299 792 458 m/s**). Bara en slump?

Dessutom är de tre pyramiderna i Giza inriktade mot de tre stjärnorna i Orions bälte (Alnitak, Alnilam och Mintaka). Samma linje återfinns i Teotihuacán (Mexiko) och Xi'an (Kina), med avvikelser på mindre än 0,05°. Hur många civilisationer, utan någon uppenbar kontakt med varandra, beslutade sig för att bygga tempel och pyramider i linje med exakt samma stjärnor?

Som om det inte vore nog är dessa stora strukturer – pyramiderna i Egypten, Mexiko, Kina och Kambodja – inriktade efter samma geodetiska meridian som kallas *Stora cirkeln*, en exakt linje som sträcker sig över hela planetens omkrets. Ingen av dessa civilisationer kände förmodligen till att jorden var en sfär.

Inuti Keops stora pyramid har man inte hittat några mumier, hieroglyfer eller gravdekorationer. De inre kamrarna är placerade med sådan astronomisk och akustisk precision att vissa forskare hävdar att de fungerade som resonansanordningar.

Nyligen hade jag möjlighet att besöka pyramiderna i Giza. Sedan jag var barn drömde jag om att åka till Egypten och se dem. Den första dagen jag var där blev jag mycket besviken: allt var kommersialiserat, och det verkade som om de hellre ville sälja något till mig än hjälpa mig.

Trots det gör det faktum att man befinner sig nära pyramiderna att man kan fördjupa sig i deras vibrationsfält. Det är något immateriellt, nästan omärkligt för vårt mänskliga ego, men obestridligt: pyramidernas närvaro är extremt stark.

Om du någon gång besöker dem och känner samma kallelse som jag kände, skulle jag bara säga en sak: gå dit med närvaro. Det är en privatiserad plats, full av turister och kommers, men om du tillåter dig själv att observera och lyssna, förvandlas upplevelsen till något heligt.

Om vi fortsätter med antika monument hittar vi i Sydamerika **Sacsayhuamán**, en megalitisk fästning i Cuzco, Peru, där man byggde sammanhängande murar på 9 meters höjd, bestående av block som vägde 90, 125 och till och med 350 ton vardera, på en yta på mer än 3 000 hektar.

Inte långt därifrån, också i Peru, ligger staden **Ollantaytambo**, byggd med monoliter på mellan 12 och 40 ton, och den imponerande **Machu Picchu**, byggd med block på upp till 120 ton.

I Asien utmärker sig **plattformen i Baalbek**, uppförd med block på mellan 900 och 1 100 ton. Bara 7 kilometer därifrån låg ytterligare tre ännu mer häpnadsväckande megaliter: på 1 000, 1 242 och upp till 1 650 ton, vars ursprung fortfarande är ett mysterium.

Det mest slående är att snitten i dessa block har millimeterprecision, vilket är omöjligt även med modern teknik utan laserprecisionsverktyg. Ingenjören Chris Dunn visade att vissa snitt i Giza har komplexa tredimensionella kurvor, som om man hade använt högfrekventa roterande maskiner. Mitt i bronsåldern?

Intressant nog står det i **Enochs bok**, kapitel 7, att Gud öppnade öknen Dudael för att fånga de fallna änglarna, de som störde mänskligheten. Samma öken ligger i dagens Libanon, där de 1 650 ton tunga monoliterna ligger.

Hur lyckades de forntida folken utföra sådana arkitektoniska verk, som än idag är oförklarliga? Fick de hjälp från utomjordingar? Fanns det jättelika varelser som kunde flytta sådana kolossala stenblock? Kanske båda delarna. Och även om vi inte har något definitivt svar, kan vi inte fortsätta att förneka att dessa konstruktioner existerar, trotsar kända lagar och pekar på en oundviklig slutsats: mänsklighetens historia måste skrivas om.

VI SKRIVER REDAN OM HISTORIEN

Det behövs ingen arkeolog för att bekräfta detta. När vi läser och skriver dessa ord förändrar vi redan berättelsen. Vi återupprättar en historia som begravts av århundraden av manipulation.

Jag vet att det kan verka överdrivet. Men underskatta inte kraften i att höja din medvetenhetsnivå: det förändrar din frekvens, och din frekvens förvandlar din verklighet.

Varje människa som vaknar omskriver historien. Inte med krig. Inte med dekret. Utan med närvaro. Med beslutsamhet. Med en strävan som inte ger upp.

Vill du förändra världen? Förändra din uppfattning om den.

Vill du veta sanningen? Lev sanningen.

Världen behöver inte ytterligare en officiell version. Den behöver människor som minns att det omöjliga redan har hänt... och att det händer igen.

KVINNAN SOM VAR NÄSTAN 8 METER LÅNG

1984 hittades i Ecuador resterna av en gigantisk kvinna som senare överlämnades till prästen Carlos Vaca. Efter hans död analyserades benen av den österrikiske forskaren Klaus Dona, som presenterade resultaten på en kongress i Tyskland 2011. Enligt hans studier handlade det om en **kvinna som var cirka 7,60 meter lång** och bodde i Llanganates-bergskedjan.

Skelett i Jungfrau-parken i Schweiz

Förutom detta fall finns det många vittnesmål som berättar om varelser mellan 3 och 3,50 meter långa i olika regioner på jorden. Dessa uppgifter bleknar dock i jämförelse med fynd som det i Ecuador, som verkar vara verkliga anomalier i en forntida värld av jättar.

Idag ser man inte längre fall av denna magnitud. Även om det finns människor som är över två meter långa, når världsrekordet knappt 2,50 meter. Mycket långt ifrån de forntida jättarna som lätt översteg 3 meter, och till och med mycket mer.

Allt detta, i relation till de kolossala dimensionerna av det universum vi bebor, börjar inte längre verka som science fiction utan börjar istället ge mening. Kanske är det därför de dolde så många saker för oss och fragmenterade sanningen. I denna bok sammanfogar vi några av dessa bitar för att åtminstone få en glimt av en procent av pusslet.

Det kan låta som fantasi, eftersom bevisen för jättar i antiken är övertygande, medan det i nutiden verkar omöjligt. Eller är det inte så? Titta på det följande.

JÄTTAR LEVER SAMMAN MED OSS (CENSURERAD INFORMATION)

I april 2022 filmade Andrew Dawson, en kanadensare, en enorm figur på toppen av ett berg i Jasper National Park i Kanada. Det som såg ut som en stolpe rörde sig när bilden förstorades. Andrew blev besatt. Han återvände flera gånger till platsen, men tillträdet blockerades av påstådda underrättelsetjänstemän. Han hävdade till och med att han övervakades.

Några dagar senare filmade han helikoptrar som opererade nära platsen: en lyfte träd, en annan flög över toppen. Han misstänkte att de höll på att utvinna något. När han försökte klättra upp igen stoppades han av en man i en bil som blockerade vägen.

Efter flera dagars tystnad dök Andrew upp igen i en video där han förnekade allt ovanstående och sa att det bara var „underhållning". Men hans kroppsspråk och förvirrade blick var inte övertygande. Kort därefter laddade han upp en video med titeln „*Jag är rädd*", där han sa: „*De kan inte tvinga mig att tiga."* Det var hans sista relevanta inlägg. I juli dog Andrew. Hans dödsannons nämner inte orsakerna.

Fallet spreds snabbt på nätet. Många kopplade det till en annan händelse: **Jätten från Kandahar**, som enligt uppgift dödades av den amerikanska armén 2002 i Afghanistan. Enligt läckta vittnesmål var jätten över 4 meter lång, hade sex fingrar, två rader tänder och fördes med helikopter till en militärbas efter att ha dödats.

Slump? Fiktion? Iscensättning? Det viktiga är inte att bevisa varje detalj, utan att se mönstret: den som kommer för nära vissa sanningar försvinner. Fallet med Andrew kanske är verkligt, kanske inte, men det representerar något större: en systematisk global censur mot allt som utmanar den officiella versionen.

Denna bok försöker inte övertyga dig om något, men den vill påminna dig om att historien inte är slut. Att censuren lever vidare. Att det omöjliga fortsätter att hända. Och att du har friheten – och ansvaret – att välja vilket liv du vill skapa.

SKÄRMDUMP FRÅN EN AV DE VIDEOR SOM ANDREW FILMADE I KANADA, 2022.

Vi vet att denna historia blir mer övertygande när man ser videoklippen och hör vad Andrew säger, hur han säger det och vad han förmedlar. Därför vill jag inte lämna dig ensam med en suddig bild som stöds av historien om en kille på TikTok. Om du vill se videoserien och med egna ögon bekräfta det du läst här, och det som Andrew delade med sig av och som fick honom att tystas, skanna QR-koden nedan:

KOD SOM LÅSER UPP RESURSEN: **222**
(DU BEHÖVER DEN EFTER ATT DU SKAPAT ETT KONTO)

ADJÖ, UFO-MYSTERIET

Nu när vi har sett hur historien har manipulerats – från jättar till omöjliga megakonstruktioner, till tystade dödsfall för dem som avslöjar för mycket – är det dags att belysa en annan av de stora slöjorna: de så kallade UFO:na.

För om vi talar om att skriva om historien kan du inte fortsätta att ignorera det uppenbara: oidentifierade flygande föremål finns överallt.

Det är inte längre antaganden, tro eller "new age"-galenskap. Det är officiella register, inspelningar som släppts av militären, uttalanden från före detta underrättelsetjänstemän och tusentals vanliga vittnen. Ufologi är inte längre ett mysterium: det är en obekväm verklighet som många föredrar att fortsätta kalla fantasi för att inte behöva ändra sin bild av verkligheten och öppna ögonen.

I åratal har man upprepat idén att utomjordingar är varelser som kommer från himlen, invånare på andra planeter. Men... tänk om de verkligen är här med dig? Det finns oändligt med bevis: UFO:n som kommer ut ur vulkaner, föremål som dyker upp från havets botten, tusentals inspelningar av ljus som rör sig med omöjliga hastigheter. De finns i himlen, på jorden, i haven. De är här.

ICKE-MÄNSKLIG TEKNIK ÄR EN SPEGEL FÖR DEN SOVANDE MÄNSKLIGHETEN

I årtionden har vittnesmål från forskare som **Bob Lazar** läckt ut. 1989 hävdade han att han hade arbetat med omvänd teknik på icke-mänskliga rymdskepp i hemliga anläggningar som tillhörde den amerikanska regeringen. Hans uttalanden om antigravitationsdrivsystem, element som ännu inte var erkända av dåtidens vetenskap och rymdskepp som var omöjliga att replikera med jordisk teknik väckte en global debatt.

Många försökte diskreditera honom, men med tiden bekräftade flera fakta delar av hans berättelse, bland annat upptäckten av element 115 och logistiska detaljer om baserna där han påstod sig ha arbetat.

Oavsett om varje detalj är sann eller inte, är det väsentliga den fråga som uppstår: om dessa teknologier existerar, vad har man dolt för oss... och varför? Varför är vi fortfarande bundna till fossila bränslen, kroniska sjukdomar och förstörelsen av planeten, om det skulle kunna finnas något högre?

Den centrala frågan är inte om det finns rymdskepp. Det är om vi inom oss har förmågan att minnas vad dessa rymdskepp symboliserar: expansion, evolution, befrielse från tidens och rymdens lagar. För om ett objekt kan böja rumtiden... kan inte ett expanderat medvetande också göra det?

> *"Allt som döljs för oss på utsidan är bara en återspegling av det vi glömmer att se på insidan."*

ANTIGRAVITATIONSTEKNIK

Det Bob Lazar avslöjade var inte ett isolerat fall. Tvärtom: det är en del av en lång kedja av dolda upptäckter, undertryckta teknologier och forskare som förföljts för att de försökt befria världen.

Jag talar om ingen mindre än en av Nikola Teslas lärjungar, **Otis T. Carr**, som konstruerade och offentligt testade ett rymdskepp som drevs av fri energi, solenergi, utan behov av bränsle. Hans mål var ambitiöst: att genomföra en flygning till månen den 7 de 2 december 1959. Han hade lyckats med allt utom en sak: att be om tillstånd.

Två veckor efter hans sista testflygning konfiskerade federala agenter hela hans laboratorium. Han anklagades, tystades och dömdes. Hans "brott" var inte att ha bedragit någon, utan att ha utmanat det globala energisystemet. För om mänskligheten får tillgång till fri energi, kollapsar kontrollen. Utan beroende finns ingen dominans. Och utan dominans upphör maktspelet.

Detta är ingen teori, det är ett mönster. Samma sak hände **Adam Trombly**, skaparen av den homopolariska energigeneratorn. Hans uppfinning kunde förse hela städer med ren och gratis elektricitet. Resultatet? Husrannsakningar, sabotage, dödshot och försök till förgiftning. Trots detta fortsatte Trombly att utveckla nollpunktsenergi-teknik, och idag är han erkänd som en pionjär inom detta område. Men hans arbete, liksom så många andras, undervisas aldrig i skolorna.

Varför? För att systemet inte belönar frihet. Det undertrycker den. För att en människa med fri energi, med hälsa och verklig suveränitet... inte längre kan manipuleras eller programmeras.

Och här kommer du in i bilden igen. För denna information tjänar inte bara till att väcka indignation, utan också till att påminna dig om att samma kraft som de försöker undertrycka finns inom dig, och att du kan använda den när som helst om du bestämmer dig för det.

Det här påminner mig om **Viktor Frankl**, psykiater och överlevare från nazisternas koncentrationsläger, som skrev ett av 1900-talets mest omvälvande verk: *Man's Search for Meaning*. Mitt i den mest omänskliga skräcken upptäckte Frankl en sanning som varken bödeln, hungern eller döden kunde ta ifrån honom: människans yttersta frihet är att välja sin inställning till alla omständigheter.

De låste in honom, slog honom, berövade honom allt... utom hans inre kraft. Och det är vad han avslöjar för oss: att även om vi inte alltid kan välja vad som händer oss, kan vi alltid välja hur vi ska reagera. Det är den sanna friheten. Därför sa Frankl att det finns ett utrymme mellan stimulans och respons. Och i det utrymmet ligger vår makt att välja. I vårt val ligger vår utveckling.

Det som Carr, Trombly, Lazar, Royal Rife och så många andra försökte frigöra var inte bara teknik: det var medvetenhet. Det var möjligheten att välja en annan verklighet. Det var minnet av att vi är mycket mer än bara varelser av kött och blod. Och även om de censurerades, lämnade de spår efter sig. Vad du gör med dem är upp till dig.

Fri energi är inte bara ett tekniskt begrepp. Det är en levande metafor för själen när den kopplar bort rädslan och ansluter sig till kärlekens kvantfält. Allt som du har fått höra var omöjligt – att läka dig själv, befria dig, flyga, skapa nya verkligheter – är det som din själ kom hit för att göra.

Antigravitation existerar. Men inte bara utanför. Även inuti. Det som kommer härnäst bekräftar det.

Och nu när du har sett det, läst det, känt det: kan du inte gå tillbaka. Koppla ihop bitarna. Aktivera ditt minne. Och förbered dig... för det som följer är inte information: det är transformation.

> *"Allt har alltid funnits framför våra ögon. Dolt, inte för att det är osynligt, utan för att det är uppenbart."*

Viktor Stepanovich Grebennikov, sovjetisk entomolog med en passion för insekter och livets geometri, upptäckte i naturen själv en teknik som utmanade allt känt. När han analyserade insektsskal under mikroskopet märkte han en geometrisk struktur som var så precis, så rytmisk och multidimensionell att den verkade utformad av en högre intelligens.

När han staplade dessa strukturer observerade han fenomen som den officiella vetenskapen inte kunde förklara: leviterande föremål, antigravitationsfält och distorsioner i rumtiden.

Den strukturella vibrationen i dessa skal var mer än biologi. Det var kod. Det var medvetande i form. Det var levande teknik, designad av den universella intelligens som formar allt som existerar.

Inspirerad av sin upptäckt byggde Grebennikov en antigravitationsplattform bestående av hundratals av dessa naturliga strukturer. Enligt hans anteckningar kunde anordningen flyga i över 1 000 km/h, utan ljud, utan tröghet, utan motstånd... och utan att kasta någon skugga. Under flygningen förvrängdes tiden, kroppen kände inget tryck och farkosten försvann visuellt.

Använde Grebennikov utomjordisk teknik? Eller hade han tillgång till jordisk kunskap som hade hållits hemlig för oss i årtusenden?

Parallellerna med forntida kulturer är oundvikliga. Skalbaggen – som fanns på de skal han använde – var en helig symbol för egyptierna, förknippad med skapelsen, återfödelsen och solen. Den stora pyramiden i Giza har å sin sida visat sig koncentrera och kanalisera elektromagnetisk energi på liknande sätt som Grebennikov beskrev i sina experiment. Slump eller minne?

> *"Den kunskap som rör stjärnorna finns också i ett insekts vingar. Universum döljer inte sina hemligheter: det avslöjar dem för dem som vågar se bortom det uppenbara."*

Grebennikov försökte dela med sig av sin upptäckt, men hans bok censurerades, hans bilder raderades och hans namn diskrediterades. Varför? För att om man kan flyga utan bränsle, kan man leva utan att be om tillstånd.

Grebennikovs historia är inte bara ett kuriosum: den är en uppmaning att komma ihåg att allt lever, att allt vibrerar. Att naturen innehåller ritningarna till det vi kallar "teknik", men som i själva verket är medvetna manifestationer av en högre intelligens som viskar till oss: *"Allt finns inom dig."*

Och därför tystade de honom. För när man kopplar samman den heliga geometrin med materien, när man förstår att en insekts vingar och en pyramid följer samma lagar, när man inser att det inte finns någon skillnad mellan vetenskap och ande... då vaknar man.

GREBENNIKOV TESTAR SIN UPPFINNING.

Som Grebennikov skrev i sina sista ord före sin död:

"Det finns ingen mystik. Saken är helt enkelt att vi människor fortfarande vet lite om universum, som vi ser det, och som inte alltid accepterar våra alltför mänskliga regler, antaganden och ordningar."

UTOMJORDINGAR I JORDENS DJUPASTE SJÖ

När man talar om UFO:n brukar man titta upp mot himlen. Men mer än 65 % av de registrerade observationerna har med vatten att göra: hav, djupa sjöar, glaciärer. Om det finns en plats där det oförklarliga tycks koncentreras, så är det sjön Bajkal i Sibirien, Ryssland.

Baikal är inte bara en sjö. Det är den största och djupaste sötvattensmassan på planeten: den innehåller mer än 20 % av världens ytvatten, är nästan två kilometer djup, mer än 25 miljoner år gammal och hyser tusentals unika arter. Men dess mysterium går långt bortom det biologiska.

Under en militär mission, dokumenterad i sovjetiska arkiv, dök en grupp dykare ner till 50 meters djup och hävdade att de hade hittat humanoida varelser som var nästan tre meter långa, klädda i silverfärgade dräkter och sfäriska hjälmar. När de försökte fånga en av dem, slungades de våldsamt upp mot ytan av en osynlig kraft. Tre soldater dog. Incidenten dokumenterades, men förnekades aldrig officiellt. Den arkiverades bara.

Den ryska historikern Alexey Tivanenko, med tusentals publikationer, undersökte dessa berättelser under flera år. Han samlade vittnesmål från fiskare och bybor som påstår sig ha sett dessa „silverfärgade simmare" hoppa upp ur vattnet som om de lekte, även under de kallaste nätterna, när temperaturen knappt översteg tre minusgrader.

År 2009 upptäckte den internationella rymdstationen perfekt symmetriska cirklar i isen på sjön. Ingen har kunnat förklara deras ursprung. Teorier om metanutsläpp, geotermisk värme och magnetiska avvikelser har föreslagits, men ingen förklarar varför de uppträder just på platser där det inte borde finnas någon aktivitet. De verkar vara öppna dörrar från djupet.

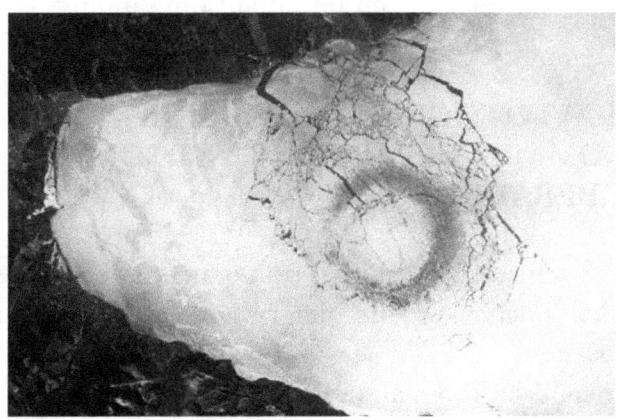

Cirkulära hål som observerats i Bajkalsjön.

Den möjlighet som öppnar sig är störande endast om vi fortfarande tror att jorden tillhör oss. Vad skulle hända om dessa varelser inte kom från yttre rymden? Vad skulle hända om de aldrig försvann? Vad skulle hända om de alltid har varit här, under vattnet, och observerat oss?

Du behöver inte tro på detta för att det ska vara verkligt. Du behöver bara förstå varför det har hållits hemligt. Om vi accepterar att det finns undervattenscivilisationer som behärskar en teknik som är okänd för oss, så rasar den officiella berättelsen om evolution, dominans och framsteg samman.

För systemets verkliga rädsla är inte att du tror på utomjordingar, utan att du slutar tro på dina egna begränsningar. De som fortfarande vill övertyga dig om att du är bunden till nyheterna, pandemierna, vaccinerna, aspirinet, inflationen eller vad andra säger.

Det som dyker upp ur Bajkalsjön är inte bara ett mysterium: det är ett tecken. En uppmaning att komma ihåg att det djupa alltid har funnits där. Inte som ett hot, utan som sanning.

TYDLIGA FOTOGRAFIER AV OSNIS SOM KOMMER UPP UR VATTNET SOM CENSURERADES

I mars 1971 registrerade en ubåt från den amerikanska marinen en sekvens av chockerande bilder under ett hemligt uppdrag mellan Island och ön Jan Mayen i Nordatlanten. Fotografierna visade metalliska föremål som steg upp direkt ur havet, med en precision och symmetri som var omöjlig att förklara med jordisk teknik.

Vad avslöjar detta? Att det otroliga inte bara har hänt... utan att det har dokumenterats, arkiverats och tystats ner. Medan världen tittade upp mot himlen, hände det mest avslöjande under vattnet, långt bort från det sociala, kulturella och vetenskapliga radarn.

Dessa bilder är inte bara visuella bevis. De är en bekräftelse på vad många gamla kulturer redan anade: sanningen avslöjas inte med höga rop, den sipprar fram i skuggorna. Och när en bild lyckas fånga det som inte skulle ses, förstörs den inte. Den censureras.

LÄR KÄNNA DEN ENDA SANNINGEN

PLATS DÄR ÖN LIGGER

Detta material klassificerades som konfidentiellt och doldes i årtionden.

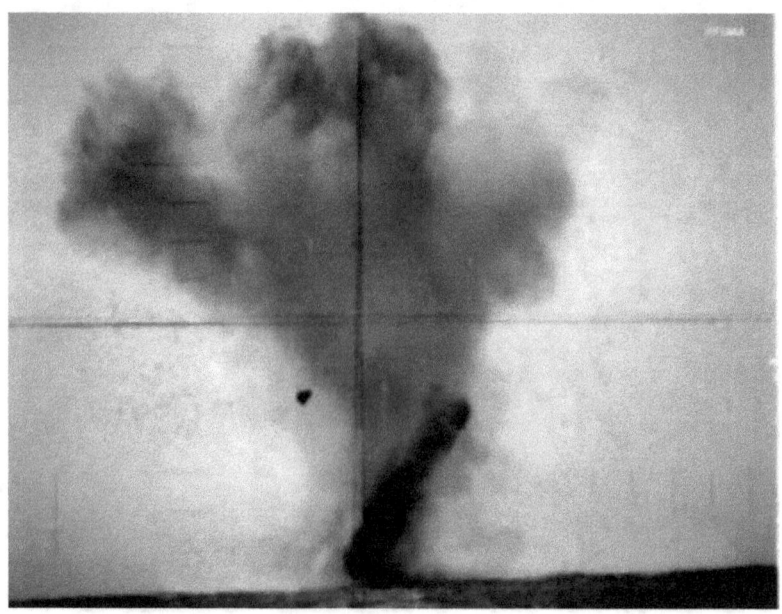

LÄR KÄNNA DEN ENDA SANNINGEN

GUD, DET GUDOMLIGA OCH DET UTOMJORDISKA ÄR SAMMANFLÄTADE

Efter allt vi har sett – skepp som stiger upp ur vattnet, cirklar i isen som upptäckts från rymden, läckta dokument och jättar som fortsätter att dyka upp i aktuella berättelser – är den verkliga frågan inte *"finns de?"*, utan: *varför fortsätter man att dölja det?*

Svaret har alltid funnits framför våra ögon.

Man behöver bara titta på de gamla verken: **Madonnan av San Giovanni**, **Kristi dop** eller **Le Livre des Bonnes Moeurs**.

Madonnan av San Giovanni (1350): ett flygande föremål över höger axel.

LÄR KÄNNA DEN ENDA SANNINGEN

KRISTI DOP (AERT DE GELDER, 1710): EN HIMMELSK FIGUR STRÅLAR
LJUS ÖVER JESUS, MED EN SLÅENDE LIKHET MED EN MODERN UFO.

TILL VÄNSTER, BOKEN OM GODA SEDER (FRÅN 1404) AV FRANSMANNEN
JACQUES LEGRAND, SOM VISAR EN SFÄR IDENTISK MED DEN SOM FÖLL
I BUGA, COLOMBIA, 2025, AVBILDAD TILL HÖGER.

Alla visar samma sak: sfärer, ljus, himmelska närvaron. Och det mest intressanta är att samma former dyker upp i verkliga inspelningar idag. Samma mönster. Samma utformning. Samma officiella tystnad.

En slump? Nej. Det är kontinuitet.

Berättelsen är sammanhängande, men den har aldrig lärts ut som en del av historien. Varför? För att det du tror om det förflutna definierar vad du tror om dig själv. Om du accepterar att "gudarna" bara var symboliska sagor, kommer du aldrig att tillåta dig själv att aktivera din verkliga potential. Men om erkänner att det gudomliga, det stjärnklara och det heliga alltid varit samma sak, förändras allt.

Tänk om du också var en kanal för den energi som kom från stjärnorna? Tänk om ditt DNA inte var en slump, utan en mjukvara som väntar på att aktiveras med rätt frekvens?

Detta är inte folklore. Det är information. Men inte för att samla på sig, utan för att använda. För om allt är vibration och vibrerar lågt, kommer du aldrig att se vad som finns ovanför. Men om du höjer ditt tillstånd, renar din omgivning och förfinar ditt medvetande... kommer du att börja uppfatta det som alltid har funnits där, även om du tidigare inte var i samklang med det.

Det är den verkliga hemligheten med „utomjordingar": de finns inte där ute, utan på en annan frekvens. Och du kan nå den, inte med teleskop eller teorier, utan med din dagliga vibration.

Därför insisterar jag: det handlar inte om att tro eller inte tro. *Det handlar om att minnas.* Att erkänna att historien skrevs för att förminska oss, medan Sanningen dyker upp överallt för att expandera oss.

Matrisen bryts inte genom att titta upp mot himlen. Den bryts genom att minnas vem som drömmer den. Och det... är du.

SANNINGEN FINNS INTE UTANFÖR

Efter all denna resa – genom omöjliga ruiner, gigantiska fotspår, ofattbara pyramider, tystade berättelser och undervattensfarkoster – finns det något som blir oundvikligt: vi vet nästan ingenting. Eller kanske vi gör det... men vi har lärt oss att inte minnas det så väl att när sanningen om absolut allt ligger framför oss, tvekar vi helt enkelt.

Jag har inte alla svar. Faktum är att jag är säker på att jag inte har dem. Men det finns något vi inte kan fly från: bevisen är så många, så samstämmiga, att det inte längre handlar om att tro eller inte tro. Det handlar om att se. Att se med ögon fyllda av ödmjukhet, förvåning, minnen. Det handlar om att se med hjärtats ögon snarare än med hjärnans.

Att se att det finns föremål i himlen. Föremål i vattnet. Föremål under jorden. Jättar som vandrade bland oss. Och teknologier som kan förändra mänsklighetens kurs, men som systematiskt har undertryckts.

Det mänskliga sinnet är inte utformat för att förstå dimensioner som överskrider dess programmering. Men själen är det. Och när något är sant, känner man igen det, även om man inte förstår det.

Det är vad du känner när du läser dessa ord. Det är inte logik, det är resonans.

Allt detta kanske verkar vara science fiction. Men vad är science fiction om inte den förnekade framtiden? Och vad är sanningen om inte det som inte kan tystas?

Vi är andliga varelser som leker människor, inte människor som söker det andliga.

Och det är först när du kommer ihåg det som livet börjar frigöra sig från sina gränser. Vi börjar leka på den aktiva sidan av oändligheten, där healing, transcendens och själens expansion inte längre är mål: de är oundvikliga.

> *"Att tända lampan till det dolda är inte bara för att se vad som finns utanför. Det är för att minnas vad som finns inom dig. Din DNA är inte mänsklig: den är gudomlig, stjärnlik och multidimensionell."*

Vi går nu in i den sista fasen av denna resa. En fas där det inte längre handlar om att förstå med sinnet, utan om att minnas med själen och känna med hjärtat. Vi ska transcendera Matrix. Vi ska transcendera våra egna tankar och den logik som vi har skapat för att hålla oss kvar i spelet.

Jag vet att det har varit en lång väg. Om du har kommit hit och behållit den närvaro och det ansvar som vi fastställde som grund i kapitel ett, tvivlar jag inte på att ditt liv redan har förändrats fullständigt.

Kanske har det bara gått några timmar tills du kommit till denna punkt i boken. Kanske återupptar du den efter veckor eller månader. Hur som helst, att komma hit är modigt. Det är inte alla som har tillräcklig ödmjukhet för att se sin skugga och möta verkligheten i denna värld.

Därför vill jag höra från dig. Jag skulle gärna vilja att du skickade ett meddelande till min Instagram och berättade vad som var svårast för dig att släppa taget om och vilken sanning som påverkade dig mest, den som, bara genom att förstå den, vidgade din syn på livet och gjorde dig starkare.

Nu lämnar jag dig med den sista etappen. Nu går vi vidare till det mest kraftfulla: den slutliga integrationen av sanningen och dess uttryck. Vi ska minnas allt.

KAPITEL 3

ATT ÖVERSTIGA MATRIXEN

DEN ABSOLUTA FÖRENINGEN

Två sidor av samma mynt. Allt och ingenting existerar och existerar samtidigt.

I detta kapitel kommer vi att överskrida sinnets gränser, för här behöver du det inte. Försök inte förstå: låt dig genomsyras av överflödet av oförståelse och låt dig föras till universella nivåer där allt har mening... och ingenting har det, samtidigt.

Om allt är ett, och ett är ingenting, vad är du då? Samma punkt som utgör allt utgör ingenting; att tala om båda fördjupar dig, utan att fråga, i balanspunkten. Låt oss titta närmare på detta.

GRÄNSEN FÖR VÅRA SINNEN

Låt mig fördjupa mig: när du börjar uppfatta rumtiden som „allt som finns"... vad är då det „allt"? Var finns det?

Enligt olika undersökningar innehåller detta "allt" inget annat än tomt utrymme. Hur manifesterar det sig då i de objekt vi ser och i den verklighet vi uppfattar? Genom vår *tredimensionella uppfattning* av världen som en konstruktion av former och objekt.

Om du tänker efter vet du att detta är en bok och att den innehåller information eftersom du har läst en bok tidigare, eller någon har sagt det till dig. Detsamma gäller glaset som du häller vatten i: du lyfter det och för det till munnen eftersom det är vad du har gjort tidigare. **Verkligheten är en konstruktion av det förflutna.**

Det mest märkliga är att vi i årtusenden har övertygat oss själva om denna "sanning": att tro att det vi uppfattar är det enda som finns, det enda som är verkligt.

Med vårt synfält uppfattar vi bara en minimal del av de elektromagnetiska vågor som finns i kosmos. Enligt doktor Karan Raj uppfattar det mänskliga ögat bara cirka **0,0035 %** av verkligheten.

Ja, du läste rätt: vi når inte ens upp till 1 %.

Jag vet inte vad som rör dig just nu i ditt trossystem, men när jag upptäckte den siffran föll jag in i en ödmjukhet som jag aldrig tidigare upplevt. Jag sa till mig själv, , att jag inte hade en aning om någonting. Att allt jag i åratal hävdat var sant bara var en bråkdel av min perception. Därav frasen: *"det som är verkligt är det du inte ser"*.

VERKLIGHETENS PARADOX

"Verkligheten beror på var du riktar din uppmärksamhet, för det synliga är bara skuggan av det osynliga. Allt finns där, men du ser bara det du är beredd att se."

Sanningen finns inte i perceptionen, för sanningen omfattar allt. Att skriva den här boken var en utmaning tills jag kunde koppla den till teorin om det holografiska universum, som påminner oss om att **delen också utgör helheten**.

Om så är fallet, tänkte jag, kommer den enda sanningen – oavsett om den uppfattas av varje läsare som stöter på denna bok – att förbli sann, eftersom var och en, precis som jag, är en liten del av samma helhet. Och slut. Därifrån finns det ingen sökning eller behov av att fylla i något. Idén om att "något saknas" försvinner i ett ögonblick av medvetenhet: du slutar att *uppfatta* för att börja **se**.

DELEN INNEHÅLLER HELHETEN

Detta bekräftar något uppenbart: vår verklighet är begränsad, eller snarare, *begränsat* verklig. Inte för att den inte existerar på en nivå, utan för att vi tror att bara det är verkligt.

Att förstå att allt och ingenting är samma sak leder oss till den punkt som innehåller dem: ingenting och allt förenade i något.

Vad är det "något"? I de kommande underkapitlen kommer vi att ta upp olika punkter som kan föra oss närmare, inte att förstå, utan att **minnas** det där något. För allt du tror att du ser utanför måste först ha setts inuti.

> *"Det sanna seendet sker inte med ögonen. Det sker med medvetandet."*

Låt oss gå ännu djupare: förutom synen finns det andra sinnen som spelar en avgörande roll i konstruktionen av det vi kallar verklighet.

STJÄRNORNAS MUSIK

Vad skulle hända om stenar inte vägde så mycket som vi tror? Vad skulle hända om det fanns ljud som inte bara hörs, utan också lyfter?

De kallade det **akustisk levitation**. Men bortom det tekniska namnet handlar det om något som sinnet inte kan förstå och som hjärtat inte kan förneka: det finns frekvenser som rör det orörliga. Vibrationer som kan hålla kroppar svävande i luften utan att något synligt håller dem uppe.

Det imponerande är inte att detta händer. Det imponerande är att det alltid har hänt.

Hela kulturer visste om det. Forntida civilisationer byggde tempel som vi idag inte skulle kunna återskapa ens med all vår teknik. Med vilken kraft gjorde de det? Med vilka kranar? Kanske med en kraft som inte syns.

Edward Leedskalnin, en lettisk skulptör från förra seklet, förstod detta. Han byggde helt själv en hel park av stenblock som vägde över 30 ton. Utan hjälp. Utan maskiner. Och när han blev tillfrågad hur han hade gjort det, svarade han något som inte verkade vara något svar: *"Jag kunde ställa in mig på stjärnornas musik."*

Han sa bokstavligen:

"Jag har upptäckt pyramidernas hemligheter och jag har listat ut hur egyptierna och de forntida byggarna i Peru, Yucatán och Asien, med endast primitiva verktyg, lyfte och placerade stenblock som vägde många ton."

Han sjöng i kör. Stenarna rörde sig. Hans grannar såg det. Vetenskapen ignorerade det.

Samma sak hände i Tibet, där en grupp munkar använde horn och trummor för att få stenar att sväva. En svensk läkare bevittnade ritualen, spelade in den och när han återvände till Europa... försvann materialet. Än en gång begravdes mysteriet under mattan av det "rationella".

Frågan är inte om detta är verkligt. Frågan är: varför är det så svårt för oss att tro på det?

Kanske för att allt detta ifrågasätter idén om att världen drivs av råstyrka. Kanske för att det påminner oss om att det inte behövs någon kraft för att förändra formen... det räcker med att vibrera annorlunda.

Och om dessa stenar kunde lyftas med ljud... vilken del av dig skulle också kunna lyftas om du stämde in dig på en annan frekvens?

Men vad är meningen med att tala om svävande stenar eller skulptörer som flyttade tonvis med sin röst?

För vi ger oss in i en verklighet som är omöjlig att uppfatta för egot. Något som den moderna världen förnekar, men som de gamla kulturerna förstod perfekt: det verkliga syns inte alltid. Och det som inte syns är det som upprätthåller allt vi kallar "fysisk verklighet".

Så hur kan man förstå en verklighet som varken kan ses eller förstås? Förslaget är detsamma som i början: **försök inte förstå**. **Känn**. Detta kapitel är skrivet för att kännas, inte förklaras.

LÅSA UPP EN OÄNDLIG MENTALITET

Allt vibrerar. Allt rör sig. Allt är sammankopplat. Det vi såg om akustisk levitation förklarar bara det som både du och jag upplever hela tiden: den energetiska vibrationen och den osynliga kopplingen mellan alla saker.

Det fantastiska med detta är att vårt sinne, som en del av en helhet, blir oändligt. Oändligt i möjligheter.

> *"Vi kan vara, göra och ha allt vi tror att vi kan vara, göra och ha."*

SAMSKAPA UPPLEVELSEN

Att förstå att du har ett oändligt sinne öppnar dörren till en värld utan gränser. En värld med oändliga sätt att se på vad som händer... eller att skapa det du vill ska hända.

Från en nivå av separation händer saker helt enkelt.

Från en nivå av enhet händer allt du är hela tiden och samtidigt, eftersom det inte finns någon verklig separation. Den separationen är en mental skapelse som du har lärt dig sedan barndomen. Det är Matrix: den lär dig att separera, märka, klassificera... istället för att integrera, vilket är det som verkligen ger dig tillbaka den kraft som alltid har tillhört dig: *att skapa.*

DU SKREV DENNA BOK

Låt oss ta det lite mer jordnära: att du läser en bok för att lära dig „den enda sanningen" var en av de många möjligheter som fanns i universum.

Ur min synvinkel skrev jag denna bok. Men sanningen är att för att du ska kunna läsa den måste du ha skapat den händelsen. Jag kände dig inte och visste inte att det skulle finnas en läsare som skulle känna igen sig i detta budskap. När jag valde bokens titel valde jag mellan oändliga möjligheter, alla giltiga, alla potentiellt verkliga.

Upptäckten är enkel: **vi skapar alla hela tiden, medan allt skapar sig själv.** Det är ingenting som smälter samman med allt. Eller allt som manifesterar sig i ingenting.

ALLT DU SER BEROR PÅ DIG

Detta är vad forskare har kallat våg- eller partikelbeteendet i energi: dess manifestation beror på vem som observerar den.

Därför kan denna bok vara djupt avslöjande för dig och innehålla hela sanningen... medan den för någon annan kan vara värdelös, falsk eller till och med farlig.

Vem har rätt? Båda. Ingen. För allt beror på observatören.

Ur min synvinkel innehåller denna bok hela sanningen, eftersom du redan är hela sanningen som finns. I ett sinne som saknar något kommer denna bok att vara bristfällig. I ett sinne som är öppet för helheten kommer den att vara en nyckel. Det underbara med helheten är att varje del representerar helheten, och därför blir expansion oundviklig när vi integrerar denna sanning i vårt liv och i vår vardag.

> *"Universum finns inte utanför dig: du är en fullständig bild av helheten som ryms i en enda cell av din oändlighet."*

ATT INTE VETA ALLT ÄR ATT MINNAS ALLT

För att förstå sanningen är det inte nödvändigt att veta allt. Det räcker med att inte veta någonting. Eller, ännu bättre: att sluta tro att vi behöver veta något och tillåta oss att betrakta oss själva som en del av sanningen själv... och sedan leva den.

Om du tänker efter är detta samma sanning som jag delade med mig av i början av boken: för att allt detta ska ge mening måste du förbli ödmjuk och ständigt befinna dig i ett *"jag vet inte"*. Det är det som verkligen gör någon vis: att erkänna att man inte vet någonting alls.

Hur aktiverar man det oändliga sinnet? Genom att sluta tänka som en människa.

Minns du? *"Andliga varelser i en mänsklig upplevelse."* Men om du inte tar bort slöjan som täcker dina ögon varje dag, kommer du att fortsätta tro att det enda som är verkligt är det du kan röra, känna, höra eller uppfatta.

När vi utvidgar vårt självbegrepp börjar vi förena oss med oändligheten och erkänner vår essens evighet. Endast på så sätt kan vi ge plats för ett liv utifrån ett oändligt sinne: utan tid, utan rum, utan gränser.

Det handlar om att ge mer utrymme åt att känna från hjärtat än att tänka från egot.

SKUGGOR AV VERKLIGHETEN

Som vi nämnde i början av detta kapitel når vår synförmåga på spektralnivå inte ens **0,1** %. Bekräftar inte detta allt vi har beskrivit i denna bok?

Vi är mycket begränsade i vårt sätt att fokusera på och ta in hela kosmos. I själva verket sträcker sig universum långt bortom alla våra sinnen. Det är en utmaning att förstå den enorma mängd saker som vi inte kan uppfatta. Låt oss se på det grafiskt.

På YouTube finns en video med titeln *Jämförelse av stjärnor*, som jag rekommenderar att du tittar på så snart du kan. Nedan lämnar jag bara några bilder så att du kan fortsätta läsa utan att tappa tråden, men jag rekommenderar verkligen att du tittar på den:

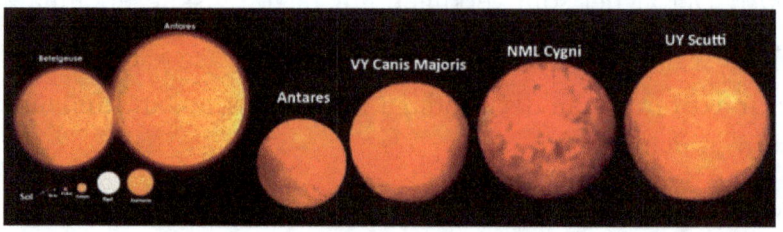

JÄMFÖRANDE BILD AV NÅGRA AV DE STÖRSTA KÄNDA STJÄRNORNA I JÄMFÖRELSE MED VÅR SOL

Till och med solen, som är **1 294 000 gånger större än jorden**, blir liten – nästan obefintlig – när man jämför den med några av de största stjärnorna vi känner till. Och ändå är de inte de största. I universell skala existerar varken solen eller jorden praktiskt taget. Nu... föreställ dig dig själv och mig i den proportion. För vissa skulle det vara ett skämt som de inte skulle tycka var roligt.

Är det inte logiskt att tro att det där ute finns rymdskepp och till och med varelser som är mycket större än oss? Kanske tiotals eller hundratals gånger större.

Titta på den här bilden:

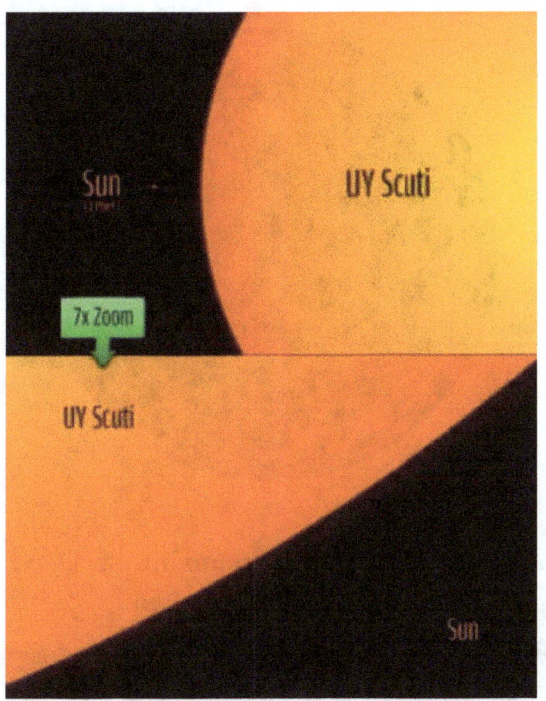

Solen i jämförelse med UY Scut

Denna stjärna är en av de största stjärnorna i vår galax. Och jag betonar: *bara* i vår galax.

Så om du fortfarande har locket på skallen som håller fast hjärnan, håll fast det ordentligt... för med följande bilder kan det hända att det glider av.

Minns du när vi pratade om **0,0035 % perception**? Det du läser nu är en del av de andra **99,9965 %** som alltid funnits där och väntat på att upptäckas.

Detta är det **observerbara universum** hittills. Den röda cirkeln markerar galaxhopet som kallas **Laniakea**.

Inom Laniakea finns mer än **100 000 galaxer**, inklusive Vintergatan.

Och här, i Vintergatan, markerar en vit punkt vårt solsystem. En galax med en uppskattad massa på 10 upphöjt till 12 solmassor.

Därifrån går vi nedåt: från solsystemet till planeten Jorden, från Jorden till ditt land, från ditt land till din stad, från din stad till ditt kvarter, från ditt kvarter till din gata... och slutligen till ditt hem.

Vid det här laget förtjänar du att stanna upp och andas.

Jag vet att den här boken är lättläst eftersom du brinner för dessa ämnen, men stäng inte in dig i dig själv. Dela med dig. Prata om det här. Låt inte sanningen stagnera. Bryt matrisen med din röst.

När vi förstår var i universum vi befinner oss, faller allt på plats... och samtidigt gör ingenting det. Tänk på det: om du och jag är praktiskt taget obefintliga på galaktisk skala, varför skulle det inte finnas planeter som är hundra gånger större, med varelser som är 15, 20 eller till och med 100 meter höga? Eller rymdskepp som får våra skyskrapor att se ut som leksaker?

Det kan låta galet om du tänker på det som en isolerad idé. Men med all den kontext du nu har, verkar det fortfarande omöjligt? Om du inte är någonting men samtidigt en del av helheten... vad skulle då inte vara möjligt för dig att vara, göra eller ha?

SANNINGEN FINNS REDAN I DIG

Nu vet du det. Du lever det. Och för att den sanningen ska spridas – och du med den – är din uppgift att dela den.

För att lära känna sanningen räcker det att du lever. Och för att lära dig att leva har du hela det första kapitlet i denna bok. Själen börjar leva när du slutar att driva omkring och tar ansvar för att du lever.

Nu går vi vidare. För det finns något mer. Något som står över allt och alla. Något som inte förstår sig på rum, tid eller materia. Något som du aldrig kommer att kunna förstå från egot... men som är det enda som håller dig vid liv.

Jag ska berätta sanningen om **Gud**, ur ett perspektiv som du kanske aldrig har övervägt. Vi ska en gång för alla integrera ingenting och allt.

SANNINGEN OM GUD

Från och med nu är orden inte längre förklaringar utan nycklar. Det du ska läsa kan inte förstås med intellektet... det känns igen med själen. Och om du inte förstår något, spelar det ingen roll, för du kom inte hit för att förstå: du kom för att minnas. När något vibrerar inom dig, även om du inte vet varför, är det för att du redan visste det. Du hade bara glömt det.

I den fria vilja vi rör oss i har vi förmågan att besluta. Men oavsett om vi lyssnar eller inte, ser eller inte, känner eller inte, finns Gud alltid där. Och tänk inte på Honom som något man kan tänka på: det är omöjligt. Jag upprepar, att försöka koppla ihop dessa ord med det rationella sinnet skulle innebära dess undergång. Det du läser här kan verka galet, och du har all frihet att känna så. Men säg mig: tror du att jag skulle ha kunnat skriva den här boken om du inte läste den? Om du svarar ja, hur skulle du då veta att den här boken existerar? Och om den inte existerade, hur skulle jag då ha kunnat skriva den? I den paradoxen finns Guds avtryck.

INGENTING ÄR SLUMPARTAT

Alla processer som sker i världen är resultatet av vårt oändliga sinne. Ingenting händer "bara för att", och ingent ker av en slump. Det finns alltid något tidigare som ligger till grund för det. Det tidigare kan vi kalla Gud, synkroni, oändlig intelligens, gudomlighet.

I början kände jag mer för att kalla det "universum", "energi", "livet", eftersom jag under lång tid förknippade "Gud" med den rigida figur som kristendomen sålde oss, eftersom jag föddes i den kulturen. Men du vet: det finns mer än två tusen kända religioner och i slutändan uppfinner varje människa sin egen. För det finns inte bara ett sätt att se på saker och ting.

Ja, det är lustigt att någon som har skrivit en bok med titeln *Den enda sanningen* säger det. Just där ligger nyckeln till detta möte: du läser *Den enda sanningen*, jag tror att jag skriver den. Du tror att denna sanning är min; jag tror att det är du som kan upptäcka den.

Vi är bara delar av samma splittrade tanke, för vi tror fortfarande att det finns någon där ute som lyssnar på oss, eller att det finns någon att lyssna på. Jag har skapat den för att du ska läsa den här boken, även om jag i grunden har skrivit den till mig själv.

Vad är skillnaden mellan dig och mig? Många? Kanske. Och nu igen: vad är skillnaden mellan dig och mig? I själva verket ingen.

Vi är två separata droppar som tror att de inte är en del av det oändliga hav som håller dem. Så spelar vi detta spel större delen av tiden.

Samma tanke som ger upphov till frågan är också den som innehåller svaret, eftersom båda redan finns i tanken. Allt hänger intimt samman. Tankarna hörs och ekar i evigheten i den oändliga källan av medvetande som vi alla tillhör.

Det medvetandet, den allmakten, är Gud. Det vi inte förstår, det vi inte begriper, det vi känner. Det som får oss att öppna ögonen varje dag utan att veta hur, det som får oss att somna utan att vi märker det. Den omärkliga kopplingen som håller ihop allt.

Efter att länge ha lyssnat på olika versioner om Gud och existensen kom jag äntligen fram till en fast grund om skapelsen. Jag har alltid velat veta vad som finns bakom allt och ingenting, och vad som förenar dem. Och då upptäckte jag en ny början, den början som avslöjar att...

VÄRLDEN SKAPADES UR VIBRATION

Och den vibrationen är ren ljud. Kanske många av dem som läser dessa sidor anser sig vara ateister, och kanske andra känner att det finns något bortom som inte kan förklaras. Oavsett var du befinner dig när du läser detta, går det som följer långt bortom vad du någonsin har föreställt dig under ordet „Gud".

> *"Allt skapades av en ursprunglig frekvens. En vibrerande intention, en ordnande energi, en kreativ puls."*

Vi ska gå djupt in i ditt väsen. Jag tror att det är nödvändigt för att skapa ett klart medvetande som gör att du från och med nu kan fortsätta spela livets spel från en annan nivå. Vi har redan talat om många mer eller mindre kontroversiella ämnen, men om du lyckas känna vad denna del innehåller, kommer allt du läst tidigare bara att vara ett komplement till din egen existens.

Du kommer att se att du inte längre behöver söka, att det inte finns någon sanning utanför dig själv och att du inte behöver fortsätta jaga efter svar. Denna sista del skulle kunna fylla en hel bok, men det är en av de böcker som bara behöver få sidor för att avslöja det väsentliga, för det kommer en punkt när ord blir onödiga.

Jag ska bara säga en sak: ju mindre du förstår med ditt sinne av det du läser här, desto mer har du förstått... för detta budskap kommer inte från mig till dig, utan från dig själv till dig själv.

Låt oss då öppna några dörrar till den verklighet som upprätthåller denna värld.

Dörr 1: Ljudet som formskapare

Erik Larson skapade en maskin som gör det möjligt att „se" ljud. Ja, att se med ögonen det som normalt bara hörs. Denna apparat, känd som Cymascopio, använder vatten och vibrationer för att visa hur varje ljud genererar en form. Som om varje musiknot ritade en osynlig mandala i vattnet. Det verkar som magi, men det är vetenskap: ljudet lämnar spår, även när du inte ser det.

Här är några av de bilder som tagits med Cymascopio:

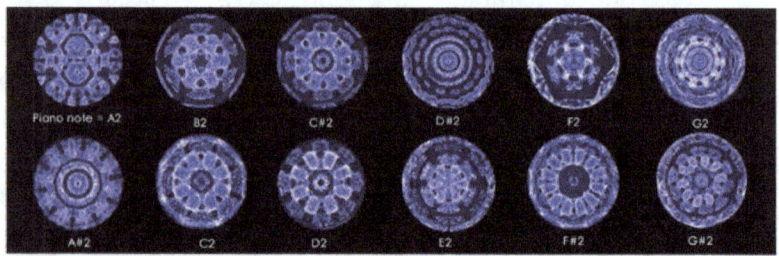

Cymascopio producerar inte ljud, utan avslöjar dem. Det fungerar som en översättare som omvandlar det osynliga till synligt och lämnar mönster som ser ut som målningar gjorda av musik. Detta kallas „synlig musik", eftersom man bokstavligen kan se hur det låter.

Och om det fortfarande är svårt att föreställa sig hur en vibration kan ge upphov till materia, räcker det att minnas en av de äldsta texterna som mänskligheten bevarat:

"Låt det bli ljus, och ljuset blev..." (1 Mosebok 1:3)

Ljuset uppstod inte av en slump: det uppstod för att det uttalades. Ljudet kallade på det. Och det mönstret genomsyrar allt: det du namnger aktiveras, det som vibrerar manifesteras.

I ett annat exempel från Cymascope projicerades den mänskliga rösten, och jag rekommenderar att du tittar på den videon på deras officiella webbplats (Cymascope.com). Där kan du se hur rösten i sig har skapande kraft, på samma sätt som varje tanke vi hyser. Därför förändrar medvetenheten om våra tankar direkt vår energi.

Man tror till och med att några av de former som genereras av Cymascopion har inspirerat religiösa symboler som det **koptiska korset** eller det **keltiska korset**.

KOPTISKA KORSET OCH KELTISKA KORSET

Den inre cirkeln i dessa representationer visar tydligt att forntidens människor visste att källan till skapelsen var själva ljudet, och de använde det i sina symboliska och andliga system.

Ljudets kraft är så uppenbar att den gjorde det möjligt för **Royal Raymond Rife** att bota cancerpatienter, på samma sätt som den – som vi redan har utforskat – skulle ha gjort det möjligt att uppföra många av de megalitiska byggnader som än i dag förbryllar arkitekter och ingenjörer.

Om ljud kan bilda perfekta mönster i vatten... tänk dig vad det gör i din egen kropp, som till största delen består av vatten.

Varje ord du uttalar formar ditt energifält. Varje känsla du vibrerar, varje tanke du upprepar, formar din verklighet med matematisk precision.

Du avger inte bara ljud: **du är ljud i rörelse**.

Detta princip är inte teoretisk. Den är praktisk. Den är vardaglig. Och därför är den helig.

De gamla visste detta. De tillämpade det i sin arkitektur, i sina symboler, i sina sånger, i sina språk. Idag har vi glömt det, men det räcker med att återigen titta på det osynliga för att minnas det.

Frågan som återstår är enkel:

Vilken frekvens genererar du med din röst, dina tankar och din närvaro? För om du inte väljer det medvetet... så väljer någon annan det åt dig.

Och inte bara det. Om du inte tar ansvar för vad du släpper in i ditt energifält – vad du lyssnar på, vad du ser, vad du konsumerar – kommer du att fortsätta programmera dig själv utan att ens inse varför du är som du är, varför du tänker som du tänker eller varför du har det du har. Det mest märkliga av allt är att 98 % av mänskligheten fortfarande tror att deras tankar är deras egna.

Sanningen är en annan: om du lever i en miljö där det söta är normen, kommer din längtan efter glass inte från din "personliga smak", utan från den ständiga programmeringen som normaliserat socker som belöning eller njutning. Om alla på din arbetsplats klagar, pratar om kriser och upprepar att "livet är hårt", kan du tro att dina tankar om brist är dina egna... när de i själva verket är ekon från omgivningen. Om det vanliga i dina relationer är manipulation, beroende eller drama ( ), är dina idéer om kärlek inte fria: de är ärvda mönster.

Och det tydligaste exemplet finns framför dig varje dag: sociala medier. Det räcker med att titta på någons Instagram- eller TikTok-historik för att veta vad hen gillar, vad hen önskar och vad som påverkar hen. Om du omger dig med tomt innehåll, dans, prålig konsumtion eller kontroverser, är det det som programmerar ditt sinne. Det är inte bara videor: det är mikrodoser av programmering som formar dina önskningar, dina övertygelser och till och med vad du anser vara möjligt i ditt liv.

Det handlar alltså inte bara om vad du säger. Det handlar om vad du tar emot, vad du accepterar och vad du konsumerar varje dag. Ditt energifält formar din verklighet med matematisk precision. Om du inte väljer det medvetet... väljer någon annan det åt dig.

Dörr 2: Vattnet, Guds spegel i dig

Tänk på detta: när du går ner i havet, i en flod eller under en varm dusch... ordnar sig något. Sinnet lugnar sig. Klarheten ökar. Idéer kommer. Kroppen återvänder hem. Det är ingen slump. Vatten renar inte bara: det återställer kanalen. Och den kanalen är du.

Om ljudet är skapelsens verktyg, då är vattnet det renaste materialet för att ta emot det. Och du är vatten. Inte som en metafor, utan bokstavligt talat. Din fysiska kropp består av mer än 70 % vatten. Och om vi räknar molekyler, så är 99 % av det som du består av också vatten. Men det vattnet finns inte där av en slump: det väntar på order. Order som du ger med ditt ord, din känsla, din tanke och din avsikt.

Varje gång du säger något, känner något eller tror något, informerar du vattnet som finns i dig. Och det vattnet lagrar minnen, överför vibrationer, strukturerar din energi. Därför, när du lyssnar på musik, ber, bekräftar eller förbannar, gör du inte något symboliskt: du omprogrammerar din vibrationsbiologi i realtid.

Har du någonsin märkt att dina bästa idéer kommer i duschen, på stranden eller i regnet? Nu förstår du varför. Vattnet släpper kontrollen. Det minskar tankarnas vågor. Det stämmer av med din essens. I det tillståndet av inre samstämmighet framträder det sanna utan motstånd. Det är inte så att vattnet ger dig svar: det låter dig minnas dem.

Naturen vibrerar med en basfrekvens på 432 Hz. Det är samma frekvens som återfinns i vindens ljud, i vattenfall, i ett lugnt hjärtas slag. Denna frekvens – när du lyssnar på den, sjunger den eller helt enkelt lever i den – anpassar dig till livets ursprungliga puls. Det som religionen kallar Gud, det som fysiken kallar koherens, det som din själ känner igen som hem.

Om du är gjord av vatten, och vattnet svarar på vibrationer, då finns det inget mysterium: varje ord du uttalar, varje intention du hyser, formar din kropp, ditt fält, din dag och ditt öde.

"Universum lyssnar inte på dig när du ropar. Det lyssnar på dig när du vibrerar. Och varje gång du vibrerar med sanning, vet vattnet inom dig det. Och det skapar."

Dörr 3: Elektronen är inte materia, den är vibration

Titta på den här bilden:

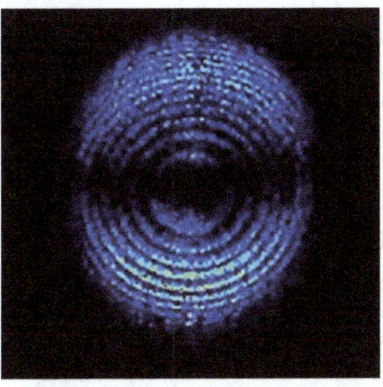

JONISERADE ELEKTRONER I OLIKA LJUSFASER.
BILD TAGEN AV J. MAURITSSON ET AL., 2008.

Vid första anblicken ser det ut som ett foto, men det är det inte. Det vi ser är en stroboskopisk bild av ett elektron som joniserats av ljuspulser i olika faser. Det vi observerar är inte en partikel i vila, utan en energisk dans: en vibrerande respons på ljusfältet som passerar genom den.

Var är partikeln? Den finns inte. För det finns inget som heter en "fast form" i skapelsens grund. Det vi ser här är en frekvens som svarar på en annan frekvens. En vibration som formas av en annan vibration.

Detta är ingen andlig metafor. Det är vetenskap. Det är kvantfysik. Det är en bild som raserar illusionen om att materia är något fast. **Till och med elektronen, den förmodade byggstenen i verkligheten, är inget annat än en våg i rörelse. Ett eko av avsikt.**

Tesla var tydlig i sin ståndpunkt: han uttryckte vid flera tillfällen sitt missnöje med den atomära teorin om materia. Vissa källor citerar honom för att han inte trodde på elektronen så som den beskrivs av modern vetenskap, utan betraktade materia som en mer komplex manifestation av energi, styrd av vibrationsprinciper som vi ännu inte helt förstår.

Einstein ifrågasatte också detta. Han påpekade att om elektronen existerade så som den beskrivs i den klassiska teorin, borde dess egna inre krafter få den att kollapsa eller sönderfalla... om inte någon annan kraft som inte beaktats existerade. Med andra ord varnade han för att förståelsen av elektronen var otillräcklig och att vi troligen misstolkar en av materiens grundpelare.

Han, tillsammans med många andra forskare, uppfinnare och forskare under de senaste två århundradena, framförde allvarliga invändningar mot den traditionella uppfattningen om elektronen och den atomstruktur som systematiskt införts i utbildningssystemet ( ).

De flesta tar det för givet bara för att de tror att den som undervisar om det „vet mer" eller „inte skulle kunna ljuga för oss". Men historien visar oss något annat.

Varför är detta viktigt?

För om elektronen – den förmodade byggstenen i materien – inte är en fast partikel utan en vibration... då är du också det. Och om du är vibration...

...då är du inte en sak. Du är inte en fast kropp, inte ett fast föremål som är vilse i rymden. Du är ren frekvens. Du är ett dynamiskt mönster, som en sång som bara existerar medan den spelas. En våg som utvecklas i rörelse.

Och vad betyder det i ditt dagliga liv? Att allt du sänder ut – tankar, känslor, ord – förändrar symfonin i ditt energifält. Din hälsa, dina finanser, dina relationer och till och med tydligheten i ditt syfte beror inte på att du driver ut saker, utan på att du förändrar frekvensen som upprätthåller dessa saker.

Att förändra vibrationen är inte en poetisk metafor: det är den mest verkliga vetenskapen som finns. Kvantfysiken beskriver inte längre elektroner som "byggstenar" i materien, utan som sannolikheter och vågor som reagerar på observatören. Om grunden för materien vibrerar, vibrerar du också.

Från och med nu, sluta fråga dig själv bara "vad måste jag göra?" och börja fråga dig själv: "Vad skulle hända om jag började leva varje dag som vibration, istället för som sak?"

För du är inte här för att låta bra inför världen. Du är här för att *resonera med Sanningen.*

Dörr 4: Det dolda mönstret i människans geometri

En samtida konstnär publicerade en video på sin kanal där han visade hur vi människor är holografiska program och perfekt utformade fraktaler. För första gången kan detta ses grafiskt på ett mycket tydligt sätt, eftersom videon visar hur tre av hans teckningar med fraktala former slutligen skapar ett mänskligt ansikte.

Videon heter *"Out of all things one, and out of one all things"* och finns på **Petros Vrellis** YouTube-kanal. Först presenteras dessa tre bilder:

Sedan förenar han den i mitten med den till vänster, och detta visas:

Slutligen, när den tredje läggs till, framträder en tydlig bild av en liten flicka.

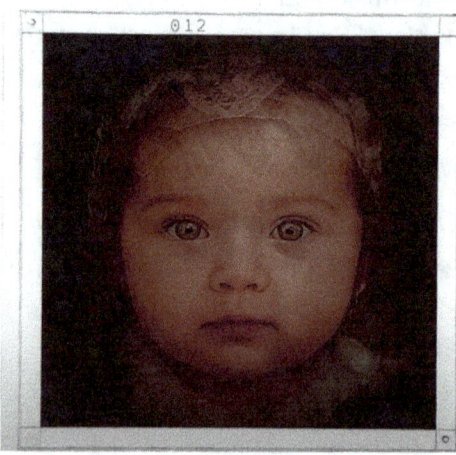

Varför är det så överraskande?

Tänk dig att du har tre konstiga teckningar, som spindelnät eller meningslösa klotter. När man ser dem var för sig verkar de kaotiska. Men när konstnären lägger dem ovanpå varandra, som om han skulle lägga ett osynligt pussel... dyker plötsligt ansiktet på ett litet flickans upp. Som genom ett trollslag.

Det är som om Gud hade gömt bilden i dessa former och väntat på att någon skulle förena dem med tålamod och kärlek för att avslöja den.

Och det mest häpnadsväckande: **vi fungerar på samma sätt**. Vi är gjorda av osynliga bitar – linjer, känslor, fragment – och när de sätts ihop framträder det sanna "jaget".

Det är därför du ibland inte förstår vad du känner eller varför du är som du är. Men om du lär dig att sätta ihop dina delar, att se på dig själv med kärlek, kommer du en dag att se dig själv som hel. Och det... är vackert.

Dessa former är ingen slump. I naturen upprepas likheterna i olika skalor: galaxer som ser ut som ögon, nötter som påminner om den mänskliga hjärnan, trädgrenar som efterliknar neurala nätverk. Denna spegling mellan mikro- och makronivån är en tyst ledtråd om att allt skapades med ett enhetligt mönster som återkommer från det minsta till det största.

Dörr 5: Stenarna talar

Under århundraden lämnade forntida kulturer meddelanden ingraverade i sten. Det var inte bara religiösa ornament eller kulturella symboler: det var vibrationsteknik. Ljudet, frekvensen, geometrin och energin från jorden och sol n kodades in i strukturer som fortfarande är aktiva idag.

Frågan är inte om de är verkliga, utan om vi är redo att se dem för vad de verkligen är.

Ett av de tydligaste exemplen är de stencirklar som hittats i olika delar av världen. Många av dem replikerar **cymatiska mönster**, det vill säga figurer som uppstår när en ljudfrekvens vibrerar på en yta. De representerar jordens vibrationer på specifika punkter.

I flera fall uppfördes dessa cirklar över områden med hög elektromagnetisk energi, och deras utformning speglar formen på magnetroner: apparater som kan omvandla elektricitet till mikrovågor. *En storskalig magnetron skulle kunna generera mer energi än alla kraftverk på jorden.*

I södra Afrika finns det tusentals. Den mest kända är **Adams kalender** i Mpumalanga, Sydafrika: en stencirkel med en diameter på cirka 30 meter som uppskattas vara mer än 75 000 år gammal. Många forskare tror att alla stencirklar i regionen är sammankopplade och att deras frekvenser konvergerar i denna centrala punkt.

Adams kalender, Sydafrika.

Denna typ av bevis förändrar helt berättelsen. Det handlade inte om "primitiva civilisationer", utan om kulturer som förstod vibrationernas och energins lagar bättre än vi. De visste att sten lagrar information, reagerar på ljud och förstärker energi. De använde den inte för att det var det enda som fanns tillgängligt, utan för att det var det mest effektiva.

Borobudur-strukturen i Indonesien är inte bara ett tempel: det är en maskin byggd i sten. Dess symmetri reagerar på solens rörelse och markens vibrationer. Den är inriktad för att fylla en specifik funktion.

BOROBUDUR, INDONESIEN

Stonehenge är idag delvis rekonstruerat, men har fortfarande en design baserad på resonans och symmetri. Det uppfördes inte bara för att betrakta stjärnorna, utan också för att interagera med osynliga frekvenser.

Stonehenge, England

Om man jämför flygbilder av antika tempel med moderna kretskort ser man att mönstret upprepas. De var inte platser för dyrkan i traditionell mening: de var **energisystem**, storskaliga frekvensplattor utformade för att ta emot, förstärka och distribuera energi. Precis som vilken teknik som helst... men med en kunskap som vi först nu börjar ana.

Detsamma gäller pyramiderna. Och **Sacsayhuamán** i Peru, vars struktur sett från luften inte ser ut som en fästning, utan som ett kretskort.

LÄR KÄNNA DEN ENDA SANNINGEN

Sacsayhuamán, Peru

Men vad har allt detta med ditt dagliga liv att göra?

Allt.

Om dessa strukturer var vibrationsteknik betyder det att jorden sänder koder hela tiden. Budskapet är tydligt: om sten kan lagra information och resonera med ljud, kan din kropp också göra det.

Du är en antenn. Varje ord du uttalar, varje känsla du känner, varje tanke du har, formar ditt energifält på samma sätt som dessa konstruktioner formade planetens fält.

Det innebär att ditt hem kan vara ett tempel. Att din kropp kan fungera som en aktiv pyramid. Att din dagliga rutin, om den är väl anpassad, blir ett verktyg för manifestation.

Och det är inte symboliskt: det är bokstavligt.

Din kropp har också ett elektromagnetiskt fält, mätbart och verkligt, som expanderar eller kontraherar beroende på ditt emotionella tillstånd. Rädsla kontraherar det. Kärlek expanderar det. **Hjärtats fält kan vara upp till fem tusen gånger starkare än hjärnans.** Och det vibrerar inte bara: det modulerar verkligheten omkring dig.

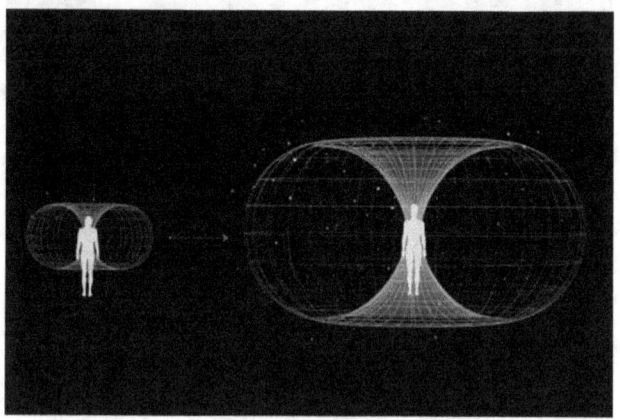

Vänster: rädsla drar ihop. Höger: kärlek expanderar.

Samma princip som de gamla civilisationerna använde med sten och ljud sker inom dig. Skillnaden är att du nu är medveten om det. Och när det finns medvetenhet, finns det makt.

Så den verkliga frågan är inte: *"Varför ljög de för oss om de antika strukturerna?"*, utan:

— Är jag villig att utforma mitt liv som ett energisystem i linje med Källan?

— Är jag redo att ordna mitt sinne, mina känslor och mina handlingar som en helig byggmästare skulle göra?

— Lever jag som en kanal... eller som ett hinder?

För i slutändan förmedlas sanningen inte med ord.

Den förmedlas med vibrationer.

Dörr 6: Verklig vibrationsteknik

Vi har redan sett att jorden vibrerar. Att ljud ger form. Att stenar kan lagra information. Men jag vill betona att det mest kraftfulla inte är att universum har en vibration... utan att du också har det. För du är inte bara en del av skapelsen: du skapar också. Vi gör det alla, vare sig vi är medvetna om det eller inte. Och det sker genom tanken, för allt som passerar genom ditt sinne har en frekvens.

Vi är inte bara antenner som tar emot information; vi håller också kvar den och sprider den. Det betyder att du inte bara är här för att överleva: du är här för att ställa in dig. För att välja vilket fält du vill ansluta dig till.

Genom historien har vissa människor uppnått något som verkar omöjligt: att leva i ständig kontakt med Källan. Inte för att de var speciella, eller för att de trodde på något yttre, utan för att de kom ihåg vilka de var och agerade utifrån det, utan distraktioner.

En av dem var Jesus. Men glöm den bild som man har sålt till dig. Jesus kom inte för att bli dyrkad. Han kom för att vi skulle minnas honom i oss själva. När han sa: *"Jag är vägen, sanningen och livet. Ingen kommer till Fadern utom genom mig"*, talade han inte om sig själv som person. Han talade om det tillstånd han levde i: total enhet, medveten kärlek, närvaro utan separation.

Och han var inte den enda revolutionären. Krishna uttryckte det på ett annat sätt: *"När en människa ser alla varelser som sig själv och sig själv som all, då finns det ingen rädsla längre."* Buddha var lika tydlig: *"Det finns ingen väg till fred... fred är vägen."*

I Mexiko botade Pachita, som kanaliserade Cuauhtémoc, kroppar med en rostig kniv och en övertygelse: det var inte hon som botade, det var Kärleken som verkade genom henne.

Olika ansikten. Olika namn. Samma frekvens...

> *"Vägen är inte en tro. Den är konsekvens. Sanningen är inte en idé. Den är vibration. Livet är inte bara att vara vid liv. Det är att minnas att allt är förenat av samma Ljus."*

Att förkroppsliga Kristus, Krishna, Buddha eller en förfaders ande är inte att upprepa deras namn: det är att leva från det tillståndet. Ja, ordet har kraft. När du uttalar dessa namn för du deras energi till nuet. Men den verkliga effekten ligger inte i ordet i sig, utan i vem som säger det, med vilken avsikt och från vilken medvetenhetsnivå.

När du väljer det tillståndet behöver du inte längre "nå" Fadern. För du har aldrig lämnat honom. Kärlek är inte en väg till G , utan erkännandet att det aldrig har funnits någon separation.

Låt oss nu gå lite djupare för att koppla ihop dessa punkter. Enligt Dr David R. Hawkins vibrerar allt i universum på en mätbar skala. Det vi känner, tänker, säger och hyser skapar ett fält. Jesus, som medvetande, kalibrerade över 1000, det högsta på skalan för mänskligt medvetande. Inte som religiös person, utan som ett rent tillstånd av enhet med Varandet.

Därför höjer det omedelbart din frekvens att tänka på honom, tala om honom eller åkalla hans namn från kärlek – och inte från rädsla.

Fraser som *"Genom hans sår är jag helad"*, *"Allt kan jag i Kristus som stärker mig"* eller *"I Jesu namn befaller jag dig..."* är inte tomma böner. De är *vibrationskommandon*. Nycklar. Inte för att Jesus är en amulett, utan för att det fält som aktiveras när du vibrerar med den vissheten bokstavligen transformerar din energi.

Och varför händer inte samma sak med Krishna eller Buddha? Inte för att de har mindre makt – de kalibrerade också nära 1000 på medvetenhetsskalan, en mycket hög nivå av hängivenhet – utan för att deras kulturella fält inte är så närvarande i det kollektiva omedvetna i väst. Om du växte upp med bilder av Jesus som helade, förlät och återuppväckte, är din kropp, ditt sinne och ditt emotionella fält redan programmerade att ställa in sig på den vibrationen. Detsamma gäller i Indien med Krishna, eller i Asien med Buddha. Det som aktiverar miraklet är inte namnet i sig, utan samstämmigheten mellan din intention och den frekvens du åkallar.

I Japan, till exempel, är mantrat **„Namu Myōhō Renge Kyō"** (som kan förstås som „jag ägnar mig åt och anpassar mig till den mystiska lagen i Lotussutran") från Nichiren-buddhismen inte bara en mekanisk upprepning: det är vibrationen som anpassar utövaren till den universella lagen i Dharma, till den skapande energi som upprätthåller all existens.

I Kina fungerar **qigong-praktiken** och taoistiska sånger på samma sätt: ljudet är inte en prydnad, det är energi kondenserad i vibration, som låser upp flödet av qi och harmoniserar det med Tao, källan till den kosmiska ordningen.

Principen är alltid densamma: språket, traditionen eller symbolen spelar ingen roll. Det som öppnar dörren är inte ordet i sig, utan den medvetna vibrationen med vilken det uttalas.

Därför sa Hawkins att det viktiga inte är vem man ber till, utan *från vilken medvetenhetsnivå man gör det.* Den som ber från rädsla sänker sin frekvens även om han använder „rätt namn". Den som vibrerar från kärlek förvandlar sitt fält även utan att yttra ett ord.

Detta är inte religion. Det är inte heller vidskepelse. Det är **verklig vibrationsteknik**, och den är tillgänglig för alla som väljer att använda sitt ord med sanning.

Du behöver inte be till någon för att komma i kontakt med Gud. Men om namnet Jesus, Krishna, Maria, ett mantra, ett kors eller ett ord lyfter dig... använd det. Inte för att det är magiskt, utan för att du väljer att vibrera med medvetenhet. Och medvetenhet, när den är äkta, förvandlar absolut allt.

Den sista dörren: Guds fem ansikten

Du vibrerar inte bara. Du är gjord av vibrationer. Varje del av din kropp är ett konkret uttryck för den energi som upprätthåller universum. Det är inte en symbol: det är en levande struktur som speglar samma intelligens som formar galaxer. Och den strukturen består av fem grundläggande principer: **elementen**.

Etern är det utrymme som innehåller allt. Det syns inte, det kan inte beröras, men det finns överallt. Det är det som gör att vibrationen kan manifestera sig. Det är det osynliga fält där skapelsen sker. När du känner något verkligt utan att kunna förklara det, är du kopplad till etern.

Luften är livets första handling. Du andas utan att tänka på det, men varje andetag är ett in- och utflöde av närvaro. Utan luft finns det inget medvetande i materien.

Vatten är dess huvudkomponent. Din kropp, dina känslor och ditt minne består av vatten. Och vattnet reagerar på den vibration du upprätthåller. Varje tanke, varje ord, varje känsla strukturerar kvaliteten på det vattnet. Därför går det du tänker och känner inte förlorat: det präglas.

Elden är den energi som driver dig. Det är viljan att förvandla, passionen, beslutsamheten, drivkraften mot det sanna. Den finns inte utanför: den finns i ditt hjärta, i ditt elektriska fält, i den djupa önskan att leva med ett syfte.

Jorden är din kropp. Inte som något separat från själen, utan som dess manifestation. Dina ben är struktur. Din hud är gräns. Din matsmältning, intelligens. Jorden är altaret där allt annat tar form. Och när du bebor din kropp med medvetenhet, gör du det vardagliga heligt.

Dessa fem element är inte lösa andliga begrepp. De är det konkreta sätt på vilket Gud verkar inom dig. De finns inte där ute. **De är du.** Ljudet, andningen, känslan, energin, kroppen: alla är de delar av samma förkroppsligade medvetande.

Om du någonsin har undrat hur Gud ser ut... titta på dig själv.

Inte med egot, utan med närvaro. För **Gud gömmer sig inte.** Han upprepar sig.

Nu när du vet att du är gjord av samma element som upprätthåller livet, observera det. Inte med intellektet, utan med klarhet.

> *"Som det är ovan, så är det nedan. Som det är inuti, så är det utanpå."* — *Hermes Trismegistos*

Vilken bild är nöten och vilken är hjärnan?

 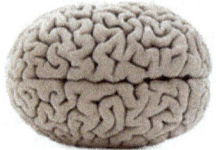

Fingeravtrycket och trädstammen liknar varandra lite...

Från ovan ser en flod ut som våra ådror...

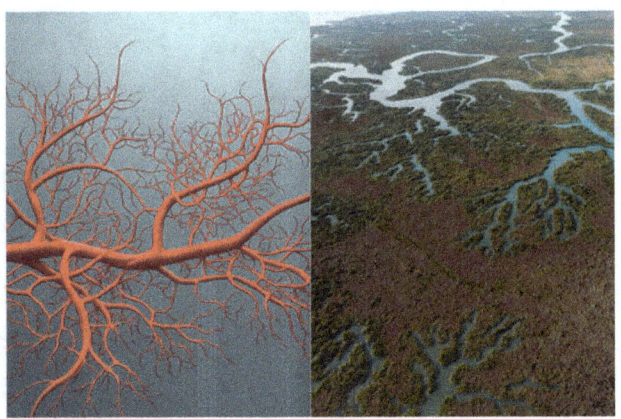

Ser du en galax eller ett mänskligt öga?

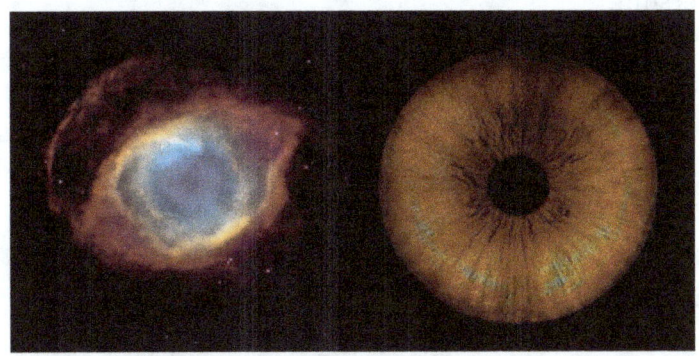

Helixnebulosan och ett mänskligt öga

Födelsen av en cell påminner om födelsen av en kolossal stjärna.

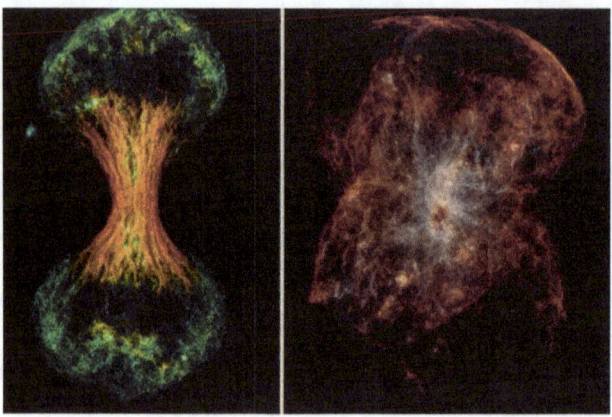

Hjärncellerna ser identiska ut med den förstorade bilden av universum.

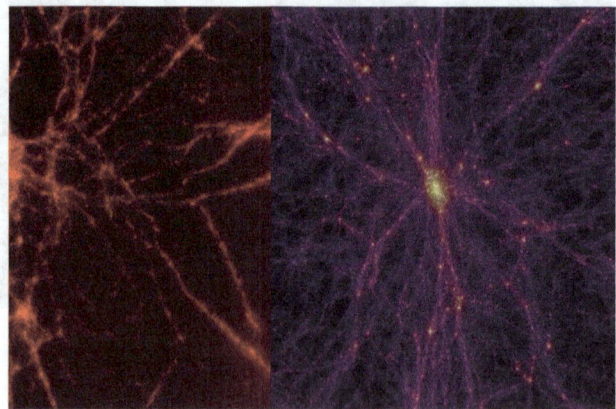

En lunga eller en trädgren? Båda delarna.

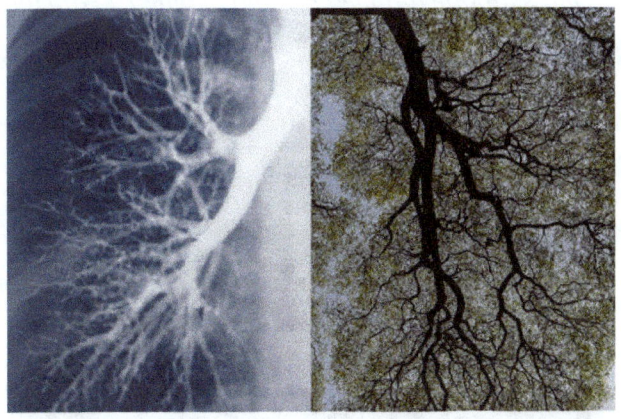

Vårt nervsystem har samma mönster som en blixt.

Det här är det verkligt galna: att förstå att **vi är allt som finns**. Denna uppenbarelse behöver ingen förklaring, det räcker med att förundras, blunda och minnas Ursprunget. Samma Ursprung som ett löv, en blixt, ett träd, stjärnorna du ser på himlen och alla människor som bor på jorden.

> *"Gud skapade allt med samma geometri... därför skapade han också dig med samma mönster."*

Titta på följande:

Jag ska förklara.

I kolumnen till vänster: **Livets blomma**. Det du ser här är Livets blommas utveckling. Detta forntida symbol finns i olika kulturer genom historien och representerar livets sammankoppling och universums skapelse. Den finns på platser som Osiris tempel i Abydos, Egypten, och förekommer också i keltisk, kinesisk och romersk konst samt i medeltida manuskript.

Denna kolumn visar hur energin ordnas i universella mönster. Allt börjar med enheten... och därifrån multipliceras livet enligt en perfekt matematik.

I den centrala kolumnen: **Universum reflekterat.**

Varje galax, nebulosa eller stjärnexplosion replikerar samma former. Oavsett skala: det vi ser där ute är detsamma som vibrerar på det osynliga planet. Det är det visuella beviset på att hela universum följer en plan.

I den högra kolumnen: **du, från början.**

Den mänskliga cellen följer samma mönster från första stund. Det som en stjärna gör när den expanderar, gör din kropp när den börjar existera.

Vi är skapade med samma geometri som skapar världar. Inte av en slump, utan för att *vi är en del av samma helhet.*

> *"Du är inte skild från helheten. Du är en funktionell och medveten kopia av samma källa som skapar allt."*

Så vem står bakom allt det du vibrerar, känner och minns? Vem har utformat en verklighet där ett ord, ett symbol eller en tanke kan forma materien?

Det är naturligt att den frågan dyker upp. Men var försiktig.

För just där stöter vi på den största illusionen av alla: att tro att Gud är någon som man måste nå, definiera eller hitta.

Och när vi börjar se detta klart, dyker en av de mest kraftfulla frågorna upp som vi som art har ställt oss:

VEM ÄR GUD OCH VAR ÄR HAN?

"Gud är inte en plats man når. Gud är koden som upprepas i allt som redan är."

Enbart det faktum att man frågar "vem är Gud" innebär redan en separation. Ordet "vem" utgår från idén att Gud är ett individuellt subjekt, något externt, något som man kan peka på och definiera. Men Gud är varken ett objekt eller en konkret figur. Gud är Alltet. Man hittar inte Gud. Man känner igen Gud.

Ändå använder vi symboler för att närma oss denna sanning, eftersom sinnet behöver bilder. En av de mest använda symbolerna har varit treenigheten: **Fadern, Sonen och den Helige Ande**.

Se det inte som ett dogm. Se vad det representerar:

Fadern är det **högre sinnet**: den högsta delen av din intelligens, den som vägleder utan att tvinga, strukturerar utan att kontrollera och observerar utan att döma.

Sonen är **Kroppen**: den fysiska form genom vilken du inkarnerar, lär dig, relaterar och manifesterar din väg i denna dimension.

Den Helige Ande är det **subtila fältet**: det som inte syns, men som håller ihop allt. Det är vibrationen som förbinder dig med det osynliga, med Källan, med det eviga.

De är inte separata enheter eller något att dyrka: de är aspekter av dig själv, reflektioner av samma centrum.

När ditt sinne är i linje med sanningen, din kropp lever i nuet och din ande är i kontakt, då är Gud där. Inte som något yttre, utan som det som redan är.

Så var är Gud? På samma plats som du är nu. Inuti och utanför. I din andning, i din blick, i varje atom som utgör din kropp och i varje galax som lyser på himlen. Han är inte gömd, han uttrycker sig i allt. Och när du slutar söka efter honom som en plats att nå, känner du igen honom i varje ögonblick.

Den verkliga frågan är inte "vem är Gud?", utan:

"Är du villig att erkänna att det inte finns någon separation mellan Gud och dig?"

Allt som inte vibrerar med den visshheten... är inte verkligt. Det är bara en illusion som projiceras av sinnet som glömmer sitt ursprung.

GUDENS VÄRLD ÄR DEN ENDA VERKLIGA

"Jag tror inte för att jag ser. Jag ser för att jag tror på Honom."

Efter att ha läst mycket andlig litteratur förstod jag att det inte handlar om att välja mellan det ena eller det andra. Att tro att det gör det bara förlänger separationen. Och varje gång vi separerar oss glömmer vi. Formenas värld är illusorisk. Guds värld är det inte. Gud är inte delad. Gud är En. Och i den Enheten finns allt.

Fadern, Sonen och den Helige Ande är inte hierarkiska figurer. De är portar till samma essens. Olika manifestationer av samma energi som verkar samtidigt. Det är därför vi kan se dem: för att de är aktiva. För att de finns inom oss.

Livet på jorden är i grunden ett spel om separation. Vi kom hit för att glömma Enheten så att vi kunde minnas den genom erfarenhet. Det handlar inte om att klamra sig fast vid det yttre, utan om att minnas att vi aldrig varit separerade. Endast denna insikt kan ge oss den fred vi så länge sökt utanför oss själva.

Om du vill känna Gud, sök inte längre. Gå djupt in i dig själv. Eller betrakta universums oändlighet. I båda ytterligheterna kommer du att finna detsamma: en exakt återspegling av det du redan är. Allt har skapats till din avbild och likhet. Du behöver bara observera, röra, lyssna och känna livet med närvaro. Det är att återfinna sanningen som alltid funnits inom dig.

Människan har förmågan att undra över det oförståeliga. Och ofta försöker hon nå Gud med hjälp av egot. Men det fungerar aldrig. Sinnet som tror sig vara separat kan inte förenas, eftersom det alltid föreställer sig att det måste "gå" någonstans. Och det finns ingenstans att gå. Allt finns här. Allt är nu. Och denna insikt är i sig Guds värld.

JAG ÄR GUD, DU ÄR GUD

Du behöver inte gå ut och leta efter Gud. Du är Gud. Men du behöver inte heller fastna i tron att „du är en Gud". *Du är* helt enkelt det. Du kanske tänker: „det är vi alla". Men även det „alla" är bara en idé. Det finns inget „alla" på . Bara du som tänker på dig själv som en del av Helheten.

Jag var på väg att säga att du inte ska tro mig. Men om du gjorde det skulle du redan skapa en annan idé. Och du skapar redan allt detta genom dina tankar. Ingen kan göra något åt det, utom du själv.

Låt oss gå djupare. Häng med mig.

Du kanske undrar: *„Om Gud kan allt, kan han då skapa en sten som är så tung att inte ens han själv kan lyfta den?"*

Vid första anblicken verkar det vara en logisk fälla:

—Om han kan skapa den men inte lyfta den, är han inte allsmäktig.

—Och om han inte kan skapa den, är han inte heller allsmäktig.

Jag skulle svara: Vad skulle du göra om du hade den makten?

För det handlar om dig. Om vad du skulle göra, vad du väljer, vad du bestämmer dig för att uppleva. Den frågan vidgar inte sinnet, den förvirrar det. För det enda som spelar roll är inte om Gud kan, utan vad du väljer.

Paradoxen avslöjar inte en brist hos Gud, utan i det mänskliga sättet att resonera. Vi försöker mäta det oändliga med en ändlig linjal. Vi förväntar oss att det absoluta ska motsäga sig själv inom de gränser som skapats av ett begränsat sinne.

Vilken upplevelse skulle du välja att skapa om du var Gud? En värld utan misstag, utan kaos, där allt är perfekt och under kontroll? Eller en fri värld, där det finns möjlighet till ondska, smärta, glömska, förvirring... men också till minnen, uppvaknande och medveten kärlek?

För det är vad vi har nu: en värld där vi kan välja. Och allt du ser är skapat av dig. Även det du avvisar.

När någon frågar *"varför tillåter Gud det onda?"*, glömmer de att den Guden... är du. Det är du som tolkar det goda och det onda. Vi har programmerats att frukta döden och sätta etiketter på livet. Men är det inte nödvändigt att dö för att återfödas?

Vi är så upptagna av vad vi "måste göra" att vi glömmer det väsentliga: vi vet inte ens hur vi kommer att vakna imorgon. Och ändå vaknar vi. Hur gör du det? Du vet inte. Samma sak hände den dagen du föddes. Förutom exceptionella minnen eller regressioner minns 99,9 % inte hur de kom hit.

Det är sann information: det är inte så att vi är frånkopplade, utan att vi är för kopplade till förvirringen. Den enda sanningen är att du inte vet, och kanske aldrig kommer att veta. Och det är det som är det fina.

Livet är ett ständigt spel, och du spelar det som du vill. Vissa kommer att döma dig, andra kommer att inspireras, andra kommer att attackera dig. Vad spelar det för roll? Det är ditt liv, det är din sanning, det är dina övertygelser. Det viktigaste målet är inte att lura oss själva eller berätta offerhistorier, utan att ta tag i tyglarna en gång för alla.

Se det så här:

Det var en gång en själ som vaknade upp i ett enormt spel. Den visste inte att det var ett spel. Den bara levde, lydde, upprepade.

Men något inom den började ställa frågor. Obekväma frågor. Stora frågor.

Med tiden började den själen se mönster. Små tecken i bruset. Sammanträffanden som var för många för att vara slumpmässiga. Varje steg förde den närmare en djup intuition: allt detta hade en plan. En logik. Ett dolt språk.

Så började hon utforska sin kropp, sitt sinne, universum, hela livet. Det var som om varje hörn innehöll ledtrådar lämnade av en kärleksfull Skapare som inte påtvingade något, men tillät allt.

Och just när hon trodde att hon förstod hur spelet fungerade stötte hon på den svåraste frågan:

Vad händer om jag måste sluta titta bara på mig själv för att kunna se Gud?

Det var då han förstod nyckeln: för att se Gud måste han först lära sig att vara människa. Med allt. Med ljus och skugga. Med kött och ande. Med närvaro.

Endast på det sättet – genom att förkroppsliga hela upplevelsen – blev själen en spegel av Skaparen.

Och spelet fick äntligen en mening.

DEN SLUTGILTIGA SANNINGEN

När jag skrev den här boken antecknade jag i mitt antecknings-bok att jag önskade att andra kunde läsa den, eftersom den gav mig en ren och nästan barnslig glädje när jag upptäckte vidden och galenskapen i den värld vi lever i. Galenskap i bästa bemärkelse... den som skakar om, avbryter autopiloten och tvingar oss att ompröva vilka vi är och varför vi är här, så jag är tacksam att du har kommit så här långt i detta verk.

Denna värld är fantastisk. Inte perfekt ur ett intellektuellt perspektiv, men ur ett själsligt perspektiv. Och jag hoppas att du, nu när du har läst klart denna bok, också kan känna så.

I detta spel som kallas livet är det inte intressant att vinna, klara sig eller vara rädd för att förlora, utan helt enkelt att spela med närvaro, engagemang... och kärlek.

Du är en karaktär, ja, men du är också manusförfattare, regissör och åskådare i denna film. Det är vi alla. Men ibland tar vi det så allvarligt att vi glömmer att skratta.

Man säger att sanningen ska göra oss fria... men först kommer den förmodligen att göra oss obekväma. Jag är medveten om att det finns kapitel som kan väcka kontroverser, frågor eller till och med ilska. Det spelar ingen roll. Kom bara ihåg detta: din frihet beror inte på var du är eller med vem, utan på hur du väljer att se på saker. Det är de glasögon du väljer att sätta på dig som avgör hur du kommer att ha det i ditt eget spel.

I en kausal värld, ta ansvar för orsaken och älska effekterna, oavsett hur de kommer. Och efter att ha lekt en stund i världen av orsak och verkan, uppmanar jag dig att ta ett steg längre: att se livet som ett väv av perfekta synkronier. För i slutändan, som du redan vet: Gud spelar inte tärning. Det är därför du läste den här boken. Det är därför jag skrev den.

VI ÄR INTE ÅTSKILDA

Du är inte separerad från någonting alls.

I åratal fick vi lära oss att tro på motsatsen. Vi lärde oss att se separation, konflikt och splittring. Att tänka att den andre är en "annan", att det yttre inte har något med oss att göra. Och så glömde vi bort den grundläggande sanningen: *allt hänger ihop.*

Sinnet påverkar direkt allt som existerar. Kroppen är inte "du", den är en förlängning av dig. Den här boken du håller i är också det. Orden finns inte utanför: de föds i ditt sinne. Och jag, som skrev detta, existerar bara för att du tror att jag existerar.

Så fungerar det. Det skulle vara lätt att förstå om det var den sanningen vi åt till frukost, lunch och middag varje dag.

Men vi har fått höra något annat.

De sa att vi är ändliga, att vi är separata, att vi är denna kropp, denna historia, detta liv som vi "fått".

Men det är inte vad vi är. Vi är mycket mer än så.

Och det är inte en poetisk fras. Det är inte ett ordspel. Det är ett faktum. Det räcker med att koppla ihop punkterna. Det är den grundläggande sanningen. Den som håller ihop allt.

Samma sanning som gör att man en dag vaknar med en inflammerad armbåge och förstår att lösningen inte är en tablett, utan att skriva klart en bok. För kroppen talar. Livet svarar. Och symptomet är inte ett problem: det är alltid ett budskap.

Ingen kan tala om för dig hur du ska leva. De kan ställa diagnoser, ge förslag eller yttra sig, men prognosen beror alltid på dig.

> *"Livet är inte som det är. Livet är som vi är".*

Vi skapar efter bilden och likheten av det vi har i åtanke. Vi är ett med Gud eftersom Han är ett med oss. Han finns i allt: uppe, nere, inuti, utanför. Det finns ingen åtskillnad.

Språket hjälper oss att försöka förstå, men vi behöver inte ens ord för att veta detta. Innerst inne vet vi det redan.

Men vi berättar en saga för oss själva. En användbar saga, kanske nödvändig. Men den sagan har redan fullbordat sin cykel.

Vi lever i början av en ny era av medvetenhet. I denna era gömmer sig inte sanningen och väntar inte: den visar sig så snart någon känner igen den. Och ju längre man går, desto fler skuggor dyker upp; ju mer man lyser, desto fler insekter dras till ljuset. Men kom ihåg: skuggan dyker inte upp för att stoppa dig, utan för att bekräfta att det redan finns ljus. Att se den är ett tecken på att du kan belysa den. Och när du belyser den, upphör den att vara en skugga.

Detta slutliga budskap är inte ett avslut. Det är en paus. En inledande paus.

En enkel inbjudan: varje gång du ser något "utanför" – i din kropp, i en annan person, i ditt hem, i din partner, i ditt husdjur eller i världen – ställ dig själv en enda fråga:

Vad vinner du på att tro detta? Vad vinner du på att skapa denna verklighet?

För din verklighet är inte densamma som någon i Kina. Eller någon i Venezuela. Och ändå kommer allt från samma Källa.

Allt du tror på manifesteras.

Och det för dig tillbaka till centrum av din kraft. Den kraften som kanske har manipulerats, undertryckts eller förvirrats...

Men som du inte längre behöver ge upp.

Det är inte längre nödvändigt att fortsätta söka Gud utanför dig själv.

Det är inte längre nödvändigt att leva ett liv baserat enbart på det pragmatiska.

Det är inte längre nödvändigt att agera utifrån rädsla.

Gud finns i dig.

I en blomma.

I himlen.

I din kropp.

I dina tankar.

Tänker du med Gud eller utan honom? Det finns inget annat.

Berättelsen om att djävulen kan styra ditt liv är inte sann. Det enda som kan hända är att du försummar dina tankar. Men det är inte möjligt att vända sig bort från Gud. Om du lever, är det för att Gud finns.

Så... kanske handlar allt om att vara tacksam.

Tack för att du läser den här boken.

Tack för att du håller den i din hand.

Tack för att du tillåter dig själv att ta emot den.

Tack till den som gav den till dig.

Tack för att du påminde dig själv genom dessa ord.

Tack för att du skapade mig.

Jag är du.

Och denna bok...

var bara ett eko

av ditt eget kall.

Kanske är Gud inte ett svar,

utan själva frågan som andas.

Jag omfamnar dig i minnet av det eviga. Må kärleken alltid följa dig och må friden lysa upp dina dagar.

VÄGEN SLUTAR INTE HÄR

Om denna bok har väckt något inom dig, stanna inte här. Varje ord har skrivits med avsikten att väcka, men den verkliga förvandlingen börjar när det fröet sprider sig bortom sidorna.

Jag har skapat ett utrymme som heter Escuela Disruptiva, där jag följer dem som vill ta med sig detta uppvaknande in i sitt praktiska liv: att lämna systemet, ordna sitt väsen och bygga en verklighet med mening och frihet. Där delar jag direkta lärdomar och live-mentorskap för dem som är redo att ta nästa steg.

Och om du känner kallelsen att inte bara förändra ditt liv, utan också att dela denna sanning med andra, finns det en möjlighet att bli en Sembrador de Consciencia (medvetandets såare). Det innebär att du kan rekommendera detta budskap till världen och, när du gör det, också få välstånd. För när man sår expansion, ger livet tillbaka mångfaldigt.

Resan fortsätter. Valet är nu ditt.

Läs mer om hur du kan bli en del av skolan eller bli en medvetandeförmedlare genom att skanna QR-koden nedan:

FLER BÖCKER AV FÖRFATTAREN

Varje verk jag har skrivit är inte bara en bok: det är en portal till ett nytt lager av din sanning. Här är deras namn så att du kan söka efter dem och se vilken som resonerar med dig just nu. För att se andra titlar, gå till disruptiveacademy.com

Lär känna det enda principen

När allt yttre rasar samman återstår bara att titta inåt. Denna bok lovar inga formler: den konfronterar dig med roten. "Lär känna det enda principen" är en guide för att minnas vem du är när det inte längre finns några masker att upprätthålla.

Lugn

Det enda sättet att komma i kontakt med din själ. Ett enkelt men djupgående verk för att återknyta kontakten med det väsentliga: den inre tystnaden och skapelsens absoluta frid.

Livets sanna mening

En resa mot en djup förståelse av varför du är här, vad du kom för att leverera och hur du minns ditt uppdrag.

Kraften i 60·90·60

Kroppen är inte en fiende som måste korrigeras, utan ett tempel som måste minnas. Denna bok avslöjar formeln som förenar disciplin, närvaro och syfte för att tända din fysiska, mentala och andliga kraft.

De rikas evangelium

En bok som avprogrammerar brist, avslöjar kulisserna bakom det finansiella systemet och aktiverar den frekvens i dig som attraherar pengar – inte genom ansträngning – utan genom sanning.

Satseupser

De frågor du alltid ställt dig får äntligen svar. En bok för dem som söker det djupaste: vad är tomhet? Vem är vi? Är tiden verklig? Är månen en naturlig satellit? Varifrån kommer vi?

KOMPLEMENTÄRT MATERIAL FÖR DIN UTVECKLING

För att fördjupa dig i detta verk och fortsätta din utveckling har vi skapat en exklusiv digital plattform med kompletterande material. Där hittar du levande resurser: från relaterade böcker och praktiska verktyg till audiovisuellt innehåll, utbildningar och guidade upplevelser som utvidgar det du lärt dig på dessa sidor.

1. Skanna QR-koden.
2. Skapa ditt gratis konto på Disruptive Academy.
3. Använd **koden 222** när du är inne och upptäck de material som finns tillgängliga för dig.

(Åtkomsten är personlig och kan uppdateras med nytt innehåll beroende på hur varje verk utvecklas.)

www.ingramcontent.com/pod-product-compliance
Lightning Source LLC
Chambersburg PA
CBHW070603300426
44113CB00010B/1385